ついSNSを
何時間もしてしまう

試験直前にいつも焦る

その悩み、
本書ですべて解決できます。

はじめに

「人の顔と名前を覚えられない」

「毎週の英単語テストの課題に苦しんでいる」

「資格試験の用語をどうやって暗記すればいいのかわからない」

おそらくこのような悩みを持っている方はたくさんいるでしょう。


私は記憶力を競う競技メモリースポーツの選手（メモリーアスリート）として活動しており、また東京大学での研究を生かした記憶に関するサービスを提供する大学発のベンチャー企業を経営しているので、仕事やプライベートで誰かに会うたびにこのような悩みを相談されます。

本書は今まで私に相談してくださった方や、日々記憶に困っている学生から社会人まで幅広い世代に向けて、さまざまな記憶に関する悩みを解決できる

100の方法をわかりやすく丁寧に、この一冊にまとめました。

100の方法には今すぐ取り入れられる小技から、世界中で行われている記憶や脳科学に関する研究をベースとした記憶法、記憶力の達人であるメモリーアスリートが使う効果の大きい記憶法まで幅広く紹介しています。


「顔と名前の覚え方」

「電子書籍と紙の本　どちらが記憶に残りやすいのか?」

「インプット：アウトプット＝1：3の法則」

などの目次からおおよその内容がわかるようになっているので、辞書のように該当箇所だけ読むような使い方もできます。また記憶法や脳科学に関するライトな読み物としても楽しんでいただけるように執筆しました。

本書を読んでみなさんの記憶の悩みを解決するだけでなく、「記憶って面白いな!」と思ってもらえるとうれしく思います。

青木　健

目次

第1章 知っているだけで得をする記憶の話

Tips

第2章

生活の中で使える記憶のコツ

第3章

今すぐ使える記憶術

Tips

第4章

記憶の戦略

第5章

身につけたら何にでも使える記憶術

第6章

勉強に効く記憶術

Tips

ブックデザイン：木村勉
DTP&図表：横内俊彦
イラスト：そうま。
校正：髙橋宏昌
校正（論文）：外園清香
編集：鈴木遥賀

Mnemonic Methods

第1章

知っているだけで得をする記憶の話

Tips 1→19

Tips

1

記憶力が良いと有利な理由

みなさんも一度は、「記憶力が良かったらなぁ」なんて思ったことはありませんか？

では記憶力が良いと、どのようなメリットがあるのでしょうか。

学校のテストや受験、資格試験などがとても楽になります。暗記が必要な科目は、短い時間で試験範囲を学習できるでしょう。英語はもちろん、英語以外の語学でも単語をたくさん覚えなくてはいけないので、語学も得意になると思います。

日常生活ではどうでしょうか？

メモなしでも買うものを忘れずに済んだり、ログインＩＤやパスワードなどをすぐに思い出せたりします。仕事をしている人は取引先の人の顔と名前を覚えたり、相手の個人情報を覚えたりするのに役立ちます。多くの商品を扱う仕事をしている人は商品の番号を覚

えたり、売り上げを把握したりするのにも役立ちます。

ここに挙げた以外にも、たくさんのメリットがあるでしょう。

記憶力を競う競技であるメモリースポーツの選手（メモリーアスリートと言います）たちは、競技で結果を出すことはもちろんですが、それ以外でも記憶力をうまく活用し、自分の志望する学校に合格したり、資格を取得したい試験で良いスコアを取ったりしています。

実際に、私は韓国語を3カ月でネイティブと話せるレベルまで身につけたり、志望する大学院に合格したり、ＴＯＥＩＣのスコアが大幅に伸びたり、営業の仕事でたくさんの人の顔と名前を覚えて驚かれたりするなど、たくさんのメリットを享受してきました。

「自分も記憶力が良かったらなぁ……」と諦めていませんか？

メモリーアスリートたちは生まれつき記憶力が飛び抜けて良かったり、頭が良かったりするのだと思っていませんか？

実は**メモリーアスリートのほとんどが、生まれつき記憶力が良かったわけではありませ**

ん。本書を書いている私もメモリースポーツで日本一になったり、世界大会に3度も出場したりしていますが、メモリースポーツを始めたのは大学に入学してからです。さらに言えば、大学受験は失敗し浪人しています（その後に無事合格し、進学しました）。

記憶力を良くするにはコツがあります。その方法を訓練することで大きく伸ばすことができます。さらに、考え方や戦略も重要です。

本書ではそんなTipsをできる限りわかりやすく紹介しています。

POINT

記憶力はコツさえわかれば何歳からでも高めることができる

Tips 2

記憶力に才能はほとんど関係ない

「記憶力って才能とはほとんど関係ないんだよ」と言われても、「それは記憶力で成功を収めた人のポジショントークだ」「努力で記憶力が良くなるんだったら、誰も苦労しないよ！」と思う人も多いのではないでしょうか？　なかなか実感が湧きにくいと思うので、科学的な側面からアプローチしていきます。

記憶力がどのくらい「才能」によるものなのかを調べた研究があります。
慶應義塾大学の安藤寿康氏は、双子による遺伝と教育環境の相関性に関する研究を長年されています。安藤氏の著書『日本人の9割が知らない遺伝の真実』（ＳＢクリエイティブ）では、記憶力に限らず、身長や性格、スポーツ、ＩＱ、科目別の学業成績、反社会性など多くの項目での研究成果を述べています。

左ページのグラフを見てください。

身長や指紋などは遺伝しやすいというのは、多くの方がイメージする通り、9割以上が遺伝の要素が絡んでいるようです。また、歌や音感、体育をイメージしたらわかりやすいと思いますが、身長や指紋ほどではないにしても、音楽や運動能力は才能によるものが大きいようです。


それでは記憶力はどうでしょうか？

記憶力の遺伝要素は6割程度。割合で見ると、外国語や勤勉性などと近いですね。アメリカやオーストラリアなどに行けば、ネイティブは当然英語を話せます。日本人で日本に住んでいれば、ほとんどの人が日本語を問題なく使いこなせるでしょう。語学は普段過ごしている環境や努力要素が大きいように思えます。

勤勉性も、日常の中で「僕は才能がないから真面目ではないんだ」という話はあまり聞いたことがありません。家庭や学校、交友関係などの生活環境によるものが大きいと考えられます。つまり、記憶力もこれらと同程度しか遺伝要素はないのです。

遺伝要素や才能要素が全く関係ないとはいいませんが、このように考えると少しはやってみようと思えませんか？

POINT

記憶力は生活環境や努力が大きく影響するもの

【遺伝と環境がさまざまな形質に与える影響】

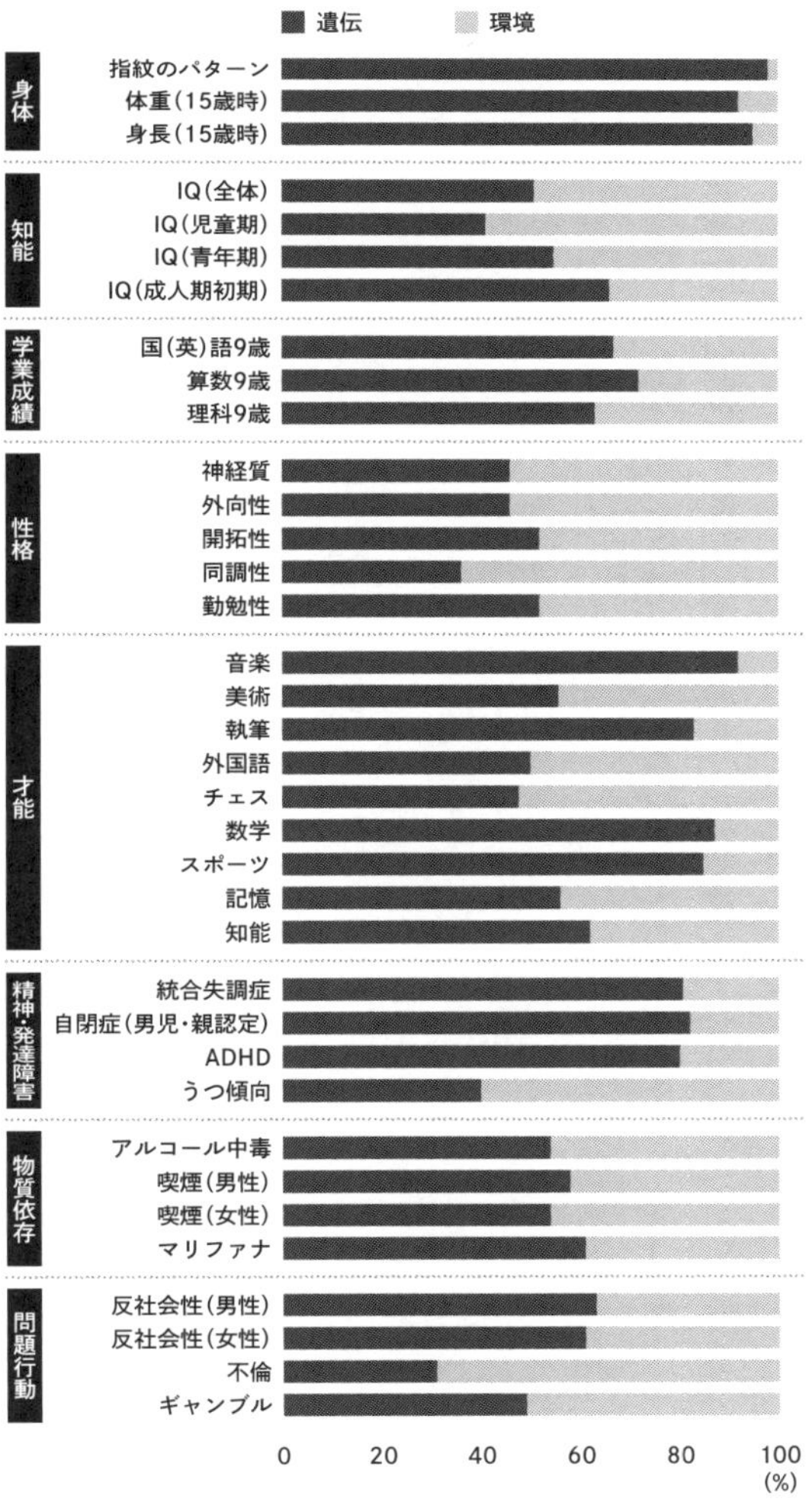

Tips 3

忘れることは悪いことではない

記憶力を上げる第一歩として最も重要かつ理解しておいてほしいことが、本Tipsのタイトルでもある「忘れることは悪いことではない」ということです。

忘れることは、人間を含む多くの動物に備わる「仕組み」なのです。

忘れることは、生物が生きる上で必要な「防衛本能」

想像してみてください。

もしすべてのことを忘れることができなかったら、どうなるでしょうか？

友達とけんかしてとても腹が立ったこと、大切な人が亡くなって悲しかったことなど、生きていれば大きいものから小さいものまでたくさんの感情が溢《あふ》れています。

もしその出来事やその瞬間に感じた気持ちが、毎日蓄積されるとしたら？　間違いなく、自分の体があらゆる感情に支配されて、今この瞬間に生きることが苦しくなってしまい

ます。

実際に**人間の脳は、あらゆる出来事や経験を無意識に「必要なもの」と「不必要なもの」に選別しています。**

自分の生死にかかわるような衝撃的な体験などは、たった一度の経験で、トラウマとして長期間「記憶」に残ったり、何かをきっかけに鮮明によみがえったりします。

しかし、学校の小テストで出題される英単語は衝撃的な体験ではないため、なかなか記憶に定着しないのです。つまり、**人間が1回で覚えるということは、ほぼ不可能**だということです。

だから脳が記憶できるよう、「反復」や

「復習」を行うのです。何度も繰り返して、脳に「これは大切なことだ」と無意識的に判断させると、だんだん忘れにくくなり、長期的に覚えていられるようになります。

メモリースポーツの世界大会で優勝するような「世界一記憶力が良い人」でも、大会で記憶した内容を意識的に復習しなければ、1週間後には大半を忘れてしまいます。1カ月後には思い出すことすらできません。

メモリースポーツのチャンピオンですら、復習をせずに記憶を長い間維持することは不可能なので、世の中のほとんどの人ができるわけがないのです。

忘れるということは、「人間の防衛本能として『忘れる』ことで、自分を守ってくれているんだ」と思って、自分の記憶力に対して持っているネガティブな感情を一つ捨てることができたと思ってください。

POINT

自分の心身を守るために忘れてしまう。復習することで記憶に定着する

Tips 4

脳トレは筋トレに似ている!?

みなさんも、一度は「筋力トレーニング」（筋トレ）をやったことがあるのではないでしょうか？

筋トレをやると翌日は全身が痛みに襲われて、ひどい倦怠《けんたい》感に悩まされると思います。それでも筋トレを継続していると食事にも気をつけるようになり、しばらくすると体に大きな変化が出てきます。もちろん運動時のパワーやスピードも上がるでしょう。サッカーや野球などの球技や、水泳、短距離走などにも効果があることは言うまでもありませんね。

「脳トレ」も同様です。**脳トレをすると、記憶力や計算力などが高まります。**

脳トレはたくさんの種類がありますが、記憶力を高めたい人は、しりとりなどの自分の知っている知識を思い出す系の問題や、その場で何かを記憶してすぐに思い出すような単語記憶の問題をやるとよいでしょう。

間違い探しやストループなどは認知力向上に効果がありますし、数独やテンパズルのような計算を必要とする脳トレは計算力向上に大きな効果があります。

普段から記憶力に関するトレーニングを行っている人は、脳が強くなっています。脳の〝基礎体力〟が上がっていくと、たくさんの英単語を覚えても疲れにくくなりますし、長い時間集中して勉強できるようになったりします。このような点も運動と全く同じですね。

筋トレをするとストレス発散になったり、自分に自信を持てるようになったりして精神面にも効果があります。

脳トレも、やってみると頭がスッキリしたり、ひらめいたときに爽快感を感じたりします。反対に、体が慣れていないのにたくさん脳トレをやると、筋肉痛のように頭が重くなったり、人によっては熱が出てしまったりすることがあります。

そのようなときは無理をせず、休むことが重要です。

昔は、筋トレはスポーツ選手が競技で良い結果を出すためやケガを防ぐために行うものでした。あるいは、ボディビルダーなど筋肉自体で競うような人くらいしか筋トレをしていませんでした。しかし最近では、筋トレのメリットが浸透し、ビジネスパーソンから主婦や学生まで幅広い層の人が行うようになりました。街中にもさまざまな層の人をターゲットにしたジムが増えています。

東京のオフィス街を歩いていると、ワイシャツの上から見ても明らかに引き締まっているのがわかるかっこいいスーツ姿のビジネスマンも多く見かけます。

脳トレをすると（体形は変わりませんが）、能力が上がるだけでなく、自分の「頭」に自信が持てるようになるので、勉強やビジネスなどの知的活動に対する姿勢が変わってくることは間違いありません。

私たちの社会生活はテクノロジーの進化により知的活動で溢れています。

筋トレは世の中に浸透しているのに、なぜ多くの人が脳トレをしていないのかが不思議です。**これからは脳トレをする人が勉強でもビジネスでも有利になることは間違いない**と思っています。多くの人が気づく前に、脳トレを始めて勉強やビジネスでライバルに差をつけちゃいましょう。

次のページから、①計算力を高める脳トレと、②記憶力を高める脳トレを1問ずつご紹介します。

問題① すべての数字を1回ずつ使い、四則演算（足し算・引き算・掛け算・割り算）をして10になるようにしてください。

❶	1	1	2	4
❷	9	9	9	9

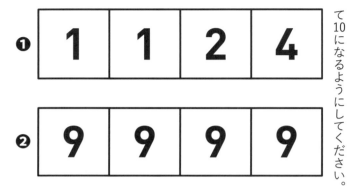

問題② 2つの単語を組み合わせてお話を作り、覚えてみよう。

例：ヘリコプターが浮き輪をくぐって飛んで行った！

例
ヘリコプター
浮き輪

1
坂
じゃがいも

2
パソコン
ゴリラ

3
サンダル
ドア

4
イヤホン
イヌ

5
コーヒー
郵便ポスト

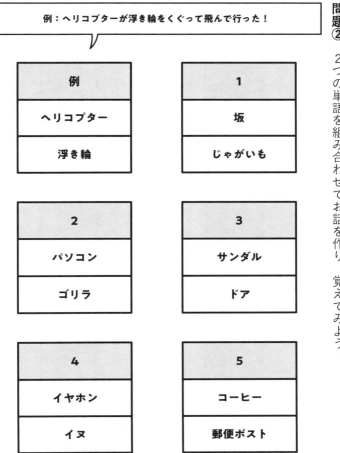

解答　空欄をうめてください。

例
ヘリコプター
浮き輪

1
坂

2
ゴリラ

3
サンダル

4

5

解説 問題①

❶

1	1	2	4

$(2\times4)+1+1=10$

❷

9	9	9	9

$(9\times9+9)\div9=10$

こういった問題のことを「テンパズル」といいます。テンパズルは四則演算のすべてを使うので、気軽にできる計算のトレーニングとして最適です。

道路を走っている車のナンバープレートやカレンダーの日付などでもできるので、ぜひ挑戦してみてください。

解説　問題②

２つの単語は、次のようなストーリーを作ると簡単に記憶できます。

1　**坂**から**じゃがいも**が転がった
2　**パソコン**の画面から**ゴリラ**が出てきた
3　**サンダル**で**ドア**を叩いた
4　**イヤホン**を**イヌ**の耳に装着した
5　**コーヒー**を**郵便ポスト**にかけた

「文字」で覚えるのでなく、脳内で鮮明な「イメージ」として覚えると記憶に残りやすくなります。慣れるとストーリー自体も素早く作れるようになるので、覚えることが楽になります。

POINT

脳トレを日常生活に取り入れると勉強やビジネスの能力が上がる

Tips 5 脳トレと記憶力の関係性

現在、「脳トレ」は本だけでなく、スマートフォン（スマホ）向けのアプリやNintendo Switchなどのゲーム機などでやるゲームになってたくさん販売されています。

実は私が経営している株式会社メモアカでも、「カオナマエ」という顔と名前が簡単に記憶できるようになる脳トレゲームアプリをリリースしています。

「脳トレ」といっても、計算をやったり、ランダムに並んだ単語を記憶したり、謎解きのような問題があったりと種類は多種多様です。

脳トレに関する研究は世界中でたくさん行われていて、さまざまな説が述べられています。

中でも、現在の主流の考え方の一つは、スタンフォード大学やアバディーン大学の研究チームなどが発表している「脳トレの内容と同じものや近いものであれば、そのトレーニング効果は大きいが、全く関係のないものに対してはあまり効果がない」というものです。いまいちイメージがしづらいので、具体的な例を挙げます。

百マス計算や数独のような「計算系の脳トレ」を行えば、生活の中でよく遭遇する会計などでのちょっとした四則演算では大きな効果があります。ただし、物忘れがなくなったり、人の顔と名前が覚えられるようになったりすることはほとんどないということです。

反対に、「人の顔と名前を覚える脳トレ」を行えば、日常生活の中で人の顔と名前を覚えるのはものすごく得意になりますが、認知力が高まることで反射神経が上がるなどということはほとんどないのです。

このような説が強いことに対して意外に感じた人は多いかもしれません。

もちろん、脳トレゲームを楽しむことで頭がすっきりしたり、記憶力や認知力に対して「自信」がついたりするのはとても良いことです。詳細はTips 6で解説しますが、記憶力にメンタルは非常に重要だからです。

しかし、**脳トレの効果を感じたければ、自分の生活にあった脳トレや自分の伸ばしたい能力に効果のある脳トレを行うことが大切**です。

これは人間の筋肉で考えればとてもわかりやすいです。サッカー選手が強いシュートを打てるようになりたいのにもかかわらず、下半身のトレーニングではなく、腕や手首の筋トレをしてもあまり効果がないことに似ています。

あなたがもし営業担当で、毎日たくさんのプロフィールを覚える必要があるのであれば、「顔と名前を覚える脳トレ」を行うことがとても効果的です。

自著の紹介になってしまいますが、記憶力を高めたい人には『東大式 記憶力が100倍よくなるドリル』、さまざまな力をバランス良く鍛えられる脳トレをやりたい人には『東大式 頭の回転が100倍速くなるドリル』（ともに総合法令出版）がいいでしょう。

なんのためにトレーニングをするのか、自分の生活やなりたい姿に合った脳トレをするように心がけてください。

POINT

得たい成果に合わせて脳トレの種類を変えると効果が出やすい

Tips 6

マインドは意外にバカにできない

記憶力を高めるために一番重要なことは才能でも練習でもありません。記憶する技術を学んだり、トレーニングをしたりする以前に大切なことは「マインド」です。**絶対に気持ちで負けてはいけません**。

根性論のように聞こえるかもしれませんが、脳と心は直接結びついていて、「自分にはできない」とどこかで思っていたりするとブレーキがかかってしまいます。

メモリーアスリートが大会前に1日10時間以上も練習をするのは、とても厳しい訓練によって技術を伸ばすだけでなく、大会本番の苦しい局面でも良いスコアを出せるようになるためでもあります。厳しい練習をすることで「これだけやったんだから負けるはずがない」と心の底から思えるようにすることで、ブレのない成績を叩き出せるのです。

普段の学習でも同様です。**習慣として当たり前にたくさんの分量を記憶していると、**

「これだけやっているのだから楽勝でしょ」と思うことができます。

いきなり超越したレベルまで到達するのは不可能ですが、少しずつ「覚えられた」経験を積み重ねていくことで覚えるのがどんどん楽になり、知識が増え世界が広がり、楽しくなっていきます。

そんなの精神論で根拠がないと思われる方もいるかもしれません。ですが、実際にマインドが記憶力にどう関わるのかを調べた実験があります。

アメリカのタフツ大学のトーマス氏は、18～22歳の若者、60～74歳のシニアを各64人ずつ集め、たくさんの単語を記憶してもらいました。その後、単語リストを見せて、どの単語が記憶したものかを選択する実験を行いました。

実験前に「これはただの心理学の実験です」と事前に説明していたときには、若者とシニアの正解率は、ほとんど変わりませんでした。

ところが、実験前に「この記憶試験では、シニアのほうが成績が悪いです」と告げた上で実験を行うと、シニアの正解率が大幅に低下しました。

つまり、先入観を与えない状態では、若者とシニアの記憶力に大差はないのに、「シニアのほうが成績が悪い」という先入観を植えつけられると、シニアは記憶する意欲を失い、一気に覚えることができなくなったのです。

この実験からもわかるように、覚える以前からネガティブに捉えるのではなく、「まずは1個から覚えてみよう」という気持ちや「自分ならできる」という気持ちなど意欲を持ってチャレンジすることが重要です。

POINT

記憶するときは、ポジティブな感情で取り組む

Tips 7

記憶力＝インプット＋アウトプット

試験で単語などを覚える必要があるとき、無駄のない勉強をして最小限の努力で最大の効果を得るようにしたいと思いませんか？

記憶力を実際に伸ばすために、まずやるべきことは「記憶力とは何か？」を知ることです。「記憶力」はいろいろな表現ができますが、実用的な話をすると、

記憶力＝インプット＋アウトプット

という式で表すことができます。

インプットとは、体の外の情報を体の中に入れることです。日常生活ではニュースを見て事件を知る、学校で授業を受けて理解する。本を読むなどがそれにあたります。

アウトプットとは、体の中に入れた情報を自分の再現したい形で正しく表すことです。

例えば、インプットした英単語を正しいスペルで書く。本を読んで理解したことをもとに内容を簡単に人に説明するなどです。「自分の再現したい形で」としているのは、覚えた内容によってどこまで正確にアウトプットする必要があるかは変わるからです。英単語一つをとっても、長文の中に出てきて読んで意味がわかればいい単語から、スペルまで正しく書けないと困る単語もあるわけです。

当たり前ですが、インプットしていない情報（自分が知らない情報）をアウトプットすることはできません。

今回のTipsでわかっておいてほしいのは、**勉強をするときに自分がやっているこ**

とが「インプット」なのか、「アウトプット」なのかを意識することです。

学校の定期試験の10分前くらいに教科書を一生懸命見ているクラスメイトを見たことはありませんか？　もしかしたら自分がそれをやっていたという人もいるかもしれません。

教科書を一生懸命読むという行為は、実は「インプット」です。

試験は、試験までにインプットした内容を、出題者の意図に合わせてどれだけ正確に解答できるかが問われています。ですから、**試験直前にはインプットをするよりは、試験範囲で出題されそうな重要な用語を正しくアウトプットできるか、教科書に書かれていることをしっかり文章で説明できるかなどをやるべき**です。

今自分がインプットをしているのか、アウトプットをしているかを意識するだけで、普段の勉強の仕方や試験前の過ごし方などが大きく変わります。

POINT

勉強はインプットとアウトプットを意識する

Tips

8

インプット：アウトプット＝１：３の法則

Tips 7で記憶力は「インプット」と「アウトプット」で構成されるとお話ししました。

インプットとアウトプットの効率を最大化させる方法として、**アウトプットはインプットの3倍する**という意識を持っておくといいでしょう。

アウトプットを重点的に行うのには、主に3つの理由があります。

①テストはインプットしたものをいかにアウトプットできるかが重要だから

普段から意識をしている人は少ないかもしれませんが、テストのほとんどが決まった範囲の内容を学習し、その知識を問う問題です。

そのため、**試験勉強の前半は知らない知識をインプットする、後半はそれをいかに速く正確にアウトプットできるかを確認するべき**です。過去問を解いたり、模擬試験を受けたりするのも本番にかなり近い環境で行うリハーサルのようなものなので効果的です。

普段の勉強からアウトプットを取り入れて、自分が何を覚えられていて、何が覚えられていないのか、何を理解していて、何を理解できていないのかを把握することが重要です。

②完璧にアウトプットすることはできないから

隅々まで徹底的に教科書を読み込むと、無意識的に人間はわかった〝ふり〟をしてしまいます。ところが、どんなに**インプットを完璧にできたと思っていても、完璧にはアウトプットできない**のです。

実際に、本を読んで完璧に理解したと思っても、人に説明しようとするとうまく説明できなかったり、説明した内容に関する簡単な質問をされて答えられなかったりした経験がある人は多いのではないでしょうか。

インプットしたものを適宜アウトプットすることで、正しく覚えられているか確認できます。

それ以外にも、アウトプットした周辺の内容に疑問を持つことで、関連する内容を調べて知識が広がったり、知っている知識同士がつながって記憶がさらに強化されたりします。

アウトプットを多くすることで記憶が強化され、長期的な記憶をすることにも効果があります。

暗記に復習が重要である、と誰もが一度は聞いたことがあると思います。

どのような知識であっても、基本的に1回で覚えられる人はいません。記憶を強化するには、最低3回は復習が必要です（もちろん4回以上やっても構いません）。

③長期的な記憶にできるようになるから

とはいえ、ただ3回復習すればいいわけではありません。その「タイミング」が重要です。**復習するタイミングは必ず、翌日、3日後、1週間後を強く意識しましょう。**

人は覚えた内容の8割近くを翌日に忘れてしまうといわれています。そのため、翌日の復習はとても重要なのです。

3日後の復習では、2日前にできた（覚えられた）ものがどのくらい記憶に定着しているのかの確認と、2回連続（インプットした当日と翌日の復習時）で記憶できていなかったものがちゃんと定着しているかの確認をします。

最後に「仕上げ」として1週間後に復習をしましょう。この段階ではかなり覚えている

POINT

アウトプットはインプットの3倍すると記憶が強化される

【復習のタイミング】

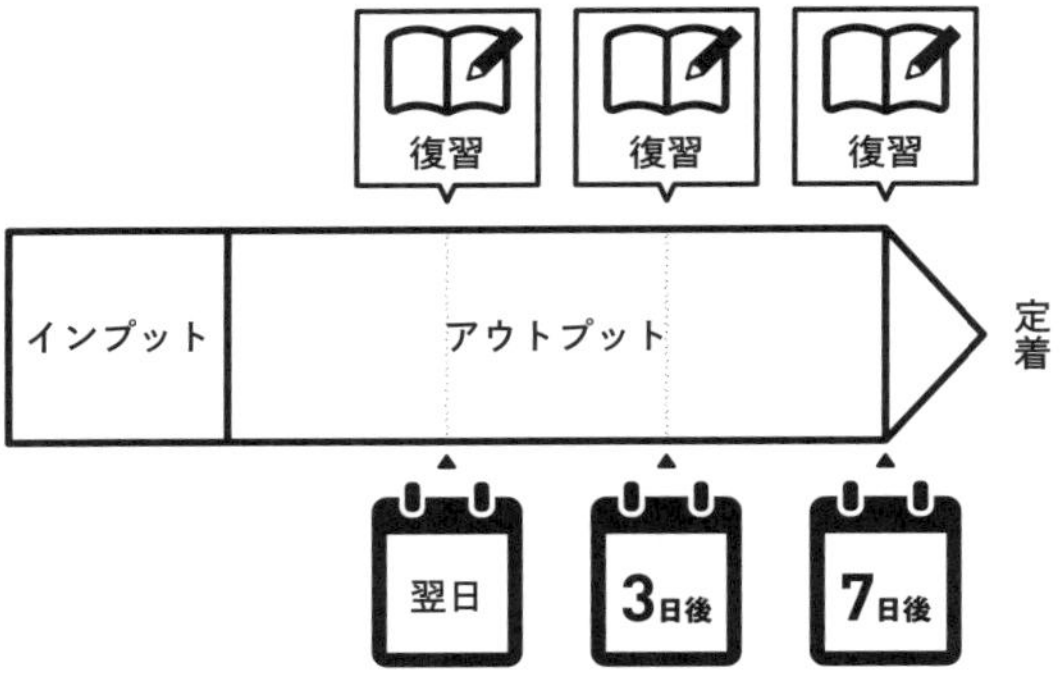

と思いますが、中には忘れてしまうものもあります。それらは4回以上、粘り強く復習をして覚えるようにしましょう。

必須ではありませんが、1年以上などかなり長期的に記憶を残したい場合は、1カ月に一度、定期的に復習することも有効です。

苦手なものでも長期的に記憶できるようになるためには、徹底した復習が重要なのです。

Tips
9
記憶＝1回の記憶の質×記憶回数

Tips 7で「記憶力＝インプット＋アウトプット」という公式を紹介しましたが、それと同じくらい重要な公式が、

記憶＝1回あたりの記憶の質×復習回数

です。**「1回あたりの記憶の質」が高ければ、「復習回数」は少なくて済みます。**

反対に、「1回あたりの記憶の質」が低ければ、なかなかインプットやアウトプットの効率が上がらないので「復習回数」が増えるという理論です。

「記憶の質」については言うまでもありませんが、しっかりと集中して5分間記憶する場合と、ダラダラお菓子を食べながら、テレビやYouTubeを見ながらなど注意散漫な状態

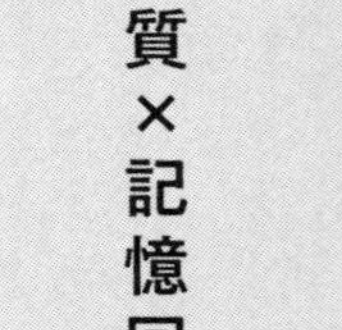

で記憶する場合では、インプットの結果は大きく変わってきます。

少しでも効率よく覚えるために「1回あたりの記憶の質」を高めることを意識して記憶するようにしましょう。第5章で紹介する方法の中で好きなものをピックアップして記憶の質を高めるようにしましょう。

また、**どんなに「1回あたりの記憶の質」が高くても、全く復習をしなければ、長い間記憶しておくことは不可能に近いです。**

どれだけ記憶力が良い人でも、復習をしないと必ず忘れてしまいます。Tips 8で紹介したように、最適なタイミングで3回以上は復習をするようにして、確実に身につけるようにしましょう。

POINT

質の高いインプットをすると効率よく覚えられる

Tips

10

記憶術と復習の関係

テレビ番組で、ランダムに並んだ数字を短い時間で記憶したり、たくさんの人の顔と名前を記憶したりする「ものすごい記憶力を披露している人」を、一度は見たことがあるのではないでしょうか？　私も披露している側の一人です。今までたくさんのテレビ番組やラジオ番組などで記憶力を披露してきました。

みなさんはこういったパフォーマンスを見るたびに「すごい才能の持ち主だ！」と思うでしょう。同時に、「私には無理だ」とどこかで思ってはいませんか？

記憶力の良い人も、短時間で大量に覚えることはできますが、一生覚えていられるわけではありません。**長期的に記憶しておくには、必ず復習が必要です。**

そう聞くと「記憶術を使っても復習しないと結局覚えていられないなら、あんまり意味ないじゃん」と思うかもしれませんが、それは違います。

記憶術を使えるようになると、大きく変わる点が3つあります。

- 短い時間で大量に記憶できるようになる
- 復習の時間が短くなる
- 復習の回数が少なくなる

まさにこの3つのことを表す、ぴったりな実例があります。

多くの人が、受験の際に歴史の年号と出来事を覚えたことがあると思います。メモリースポーツをやっている小学生が通っていた塾で出された歴史の宿題に、「200個の年号と出来事を記憶する」という内容がありました。クラスのほとんどの子が何時間も、何日もかけて一生懸命に覚えても満点は難しかったようです。

そんな中で、その子は塾から家に帰る15分程度の移動中にすべて覚え、テスト前に少し復習しただけで、翌週のテストではクラスでただ一人、満点を取れました。

その後も1、2カ月に一度確認するだけで、受験期間はもちろん、中学校に入学してからもしっかりと記憶できていたようです。

記憶術を行っていないと、最初の「200個の年号と出来事を記憶する」のに最低でも数時間はかかると思います。そして1個目に戻るころにはすっかり忘れている、という状況に陥るでしょう。

「何度やってもダメだ」とか「私って記憶力が悪い」などと思ってしまい、ますます覚えられない〝負のループ〟に入ってしまうこともあります。

一方、記憶術をある程度使いこなせるようになると、一度脳にインプットするという作業の効率が圧倒的に良くなります。**記憶術を使っていない人の数倍から数十倍の速さで脳に保存できるのです。**

暗記にかかる時間や復習にかかる時間が短く、その頻度も少なく済めば、他のものを暗記したり、他の科目の勉強をしたりすることもできます。もちろん、やるべきことが早く終わってしまえば、遊んだりリラックスをしたり、自分の好きなことをしていても構いません。

その人のレベルにもよりますが、記憶術をある程度使えるようになると、暗記が効率的になることは言うまでもありません。

POINT

記憶術を使うと覚える効率は数十倍になる

Tips

11

「体で覚える」とは？

記憶についての講演をしたり、メディアに出演したりすると、「セリフを効率的に覚えられるようになりたい」や「ピアノを弾けるようになりたい」とよく言われます。「セリフを覚えられるようになる」ことと「ピアノを弾けるようになる」ことは一見全く別のもののように思えますが、実は**どちらも脳にとっての「やるべき要素」としては同じ**です。

セリフで重要なのは、場面の流れに合わせて抑揚や間なども含めてスラスラ言えるようになること。ピアノを弾く際に重要なのは、楽譜を見ながら強弱も含めスムーズに鍵盤を押すことです。

どちらも頭で考えて行動するのではなく、いわゆる「体で覚えていて、体が勝手に動く」という状態にする必要があるのです。

セリフの場合は、まずセリフの「言葉」自体を暗記します。最初は場面ごとに区切って

考えながら、勉強と同じように、セリフのキーワードとなる単語や文節を覚えて言葉にしていきます。このときは、ゆっくり、たどたどしくて大丈夫です。そして演じる役のキャラクターに合わせた口調に調整していく感覚で、体になじませます。

ちなみに、言葉を覚えるために使う脳の部位と、スラスラと言えるようになるために使う脳の部位は少々違います。

言葉を記憶するのは主に脳の「海馬《かいば》」などを使って覚えて、それをゆっくりと考えながら思い出します。セリフをスラスラ言ったり、ピアノをスムーズに弾いたりするということは「大脳基底核《だいのうきていかく》」などが強く関わっているのです。

「体で覚える」には、今のところ何度も何度も正しい形で丁寧に繰り返すしか方法はないとされています。

POINT

反復練習をすることで体が勝手に行動する状態にできる

Tips

12

知識や体験を増やせば記憶力は高まる？

昔は義務教育で英語学習がスタートするのは中学校からでしたが、今では小学校から簡単な英語に触れる授業が始まっています。

みなさんも、新たな内容を学ぶときに初歩的な内容の学習で苦しみ、継続しているうちに「そういうことか！」と理解が深まったり、比較的覚えるのが簡単に感じたりしたという経験があるのではないでしょうか？

今回は実感しやすいように語学学習を例に挙げますが、語学に限らず**人は知識や経験が増えれば増えるほど、新しい物事を記憶しやすくなります。**

次の２つの単語を見て、意味がわかるでしょうか？

credibility　신뢰성

上は英語、下は韓国語で、どちらも「信頼性」という意味を持つ単語です。

2つともわからなかったとしても、問題ありません。どちらか一方でもパッと見てわかる人は、ものすごく英語か韓国語が得意な人です。ちなみにこの英単語は、英検準1〜1級レベルの非常に難易度の高い英単語です。


同じ意味の単語であっても、覚えようとしたら、ほとんどの人が英語の「credibility」のほうが覚えやすいのではないでしょうか？

全く同じ意味で普段使わない外国語なのにもかかわらず、英語のほうが覚えやすいのは、多くの人にとって韓国語よりも英語のほうが身近だからです。

ほとんどの人が英語を学校で習った経験があり、アルファベットは書けると思います。しかし、ハングル（韓国語で使用される記号のような文字）を書ける人は、韓国語の学習経験のある人や韓国にルーツのある人など少数でしょう。そのため、「credibility」を構成するアルファベットを〝知っているから〟覚えやすいのです。

また、credibilityの「credi」という部分を見て、「クレジットカード（credit card）」にスペルが似ているなということに気づければ、より簡単に覚えることができます。

このように、**もともと自分が知っている単語に似ていたり、知っているものと関わりがあったりすると、人は簡単に覚えることができます。**今回は英語と韓国語を例に説明をしましたが、他のことも同様です。

サッカー経験者であれば、サッカーをやったことがない人や全く知らない人よりも新しくできたサッカーのルールや戦術を覚えやすいでしょう。将棋に詳しい人や強い棋士は対局を見ただけで、その対局の流れを簡単に、順番通りに再現できたりします。

これらも、もともと「基本」となる戦法を知っていたり、過去の対局などを見て実践したり、棋士の心理を読みながら観戦したり……と、たくさんの経験や知識があるからできることです。

一見すると全く関係ない知識が意外なところでつながると、記憶が強化されます。直接関係ない自分の持っている知識を、今自分が覚えなくてはいけないことに応用できないかという意識を持つことが非常に重要です。

POINT

持っている知識と結びつけられると新しいものも覚えやすくなる

Tips 13
年を取ると記憶力が低下するのか？

「最近、年を取って記憶力が低下したなぁ」
「年のせいで物覚えが悪いから、資格試験の勉強がとてもつらい」
と誰かが言っているのを聞いたり、または自分で感じたりした経験のある方も多いのではないでしょうか。

果たして年を取ると、記憶力は本当に低下するのでしょうか？
また、記憶力が低下する要因はなんなのでしょうか？
改善の余地や暗記を楽にする手段などはないのでしょうか……？

高齢ドライバーの高速道路の逆走やブレーキとアクセルの踏み間違い、東京・池袋で起こった凄惨《せいさん》な暴走事故など、反射神経や運動神経は年を取ると大きく低下することはわかっています。

しかし、「**記憶力はそこまで大きく低下しない**」といわれています。

ロンドン大学のマグワイアー氏が、「脳の海馬の神経細胞は年を取っても増える場合がある」と発表しました。

タクシー運転手の脳を調べる実験で、記憶に大きく関わる部位である「海馬」が一般人よりも大きく発達していることがわかったのです。歴の長いベテランの運転手ほど、その発達の度合いは大きく、中には海馬が約3％も増えている人もいたそうです。

若いころと比べ記憶力が落ちたと感じやすい原因の一つは、時間軸が違うことです。

例えば、小学生のころを思い浮かべてください。小学校の6年間は、永遠に続くかのように感じられたでしょう。たった1カ月ほどの夏休みも、毎日楽しいにもかかわらず、とても長く感じたのではないでしょうか。

これは当然です。8歳（小学3年生）の子は約100カ月しか生きていません。8歳の子にとって、1カ月は人生の100分の1にあたります。2～3歳までの記憶はほとんどありませんから、体感の割合はもっと高いかもしれません。

では60歳の人ではどうでしょうか？
60歳時点で720カ月も生きており、その人にとっての1カ月は人生の720分の1です。8歳の子の7倍以上の長さを生きているので、体感での時間の速度は速く感じやすくなります。

生きている期間が長ければ、「体験した（インプットしている）情報量」も圧倒的に多くなります。そうなると、**体験したこと自体は覚えていても、持っている情報量が膨大すぎて細かいことを思い出しにくくなる**のです。

加えて、年を取ると日々の生活の中での出来事に新鮮さがなくなります。**新鮮さがなくなると、体がその出来事に慣れてしまい、記憶をしなくなります。**

家族や友人と一度しか行っていない旅行の道中での出来事は覚えていても、日々の通学や通勤の経路での出来事はほとんど記憶に残っていないと思います。これも行ったことのない場所でワクワクしながら歩いているのか、毎日の当たり前のこととして無意識に歩いているのかという違いです。

それ以外にも、昔と比べて現代は生活の中の情報量が格段に増えています。

現代はインターネットが発達し、ニュースサイトやSNS、動画サイトなどを通して、さまざまな種類の情報が飛び交っています。

たった10年前と比較しても、流通している情報は膨大です。年齢や性別、自分の好みなどからAIが自動でコンテンツをおすすめしてくれるので、次から次へと見てしまいあっという間に時間が過ぎるだけでなく、知らず知らずのうちに膨大な量の情報をインプットしてしまっています。ドラマや音楽でも「間」や余韻を楽しめなくなってきている影響か、ショートドラマやイントロが非常に短い曲が増えているのです。

このようになると、体に蓄積される情報量が増えるだけでなく、体に入ってきた情報を思い出したり、考えたりする時間や余裕がなくなるので、「記憶力が低下してきた」と感じやすくなるのです。

改善の余地や暗記を楽にする手段については、次以降のTipsで解説します。

POINT

年を取っても記憶力は大きく低下しないが、既知の情報量が多いため細かいことは思い出しにくくなる

Tips 14
好きなものをとことん記憶してみることの重要性

記憶力を高めるのに効果的な方法の一つとして、自分の好きなものをとことん記憶してみるということをおすすめします。

好きなものを覚えることをおすすめする理由①

自分の好きなものは比較的楽に覚えることができます。

アイドルが好きな人は、アイドルグループのメンバーのプロフィールや、その他のアイドルグループのメンバーなどを覚えるといいでしょう。地理が好きな人なら、国の名前と国旗や首都などを覚えてもいいでしょう。

なんでもいいので、「面白そうだな」と思うものに挑戦してみてください。

何かの分野に詳しくなると、覚えることに対して自信がつきます。「Tips 6でもお伝えしましたが、記憶に関してマインドは非常に重要です。覚えることに対してポジティブな気持ちを持てたら大きく成長したと言ってもいいでしょう。

好きなものを覚えることをおすすめする理由②

好きなものを記憶すると、好きなものの「分野」に関して圧倒的に詳しくなります。圧倒的に詳しくなると、その知識をどこかで活用したくなるものです。

私は3、4歳のころ、トミカが大好きでした。

トミカでたくさん遊んでいたことから、車が好きになり、両親に自動車が載った本を買ってもらいました。そして街を走る車を見てその名前をよく言っていたそうです。時には車を買いもしないのに、車の展示場や販売店に行きたいと親にねだっていたそうです。両親からすると、車の営業をされるので非常に迷惑だったそうですが、そのおかげで車を外からだけではなく、中からも見せてもらったことで車のハンドルやアクセルやブレーキ、エンジンなどの仕組みについても詳しくなりました。

私の例は幼いときのことですが、年齢が高くなれば、できることも増えてきます。今の時代では、知識をＳＮＳやブログなどで発信したり、同じものを好きなファンが集まるコミュニティーやイベントなどに参加したりすることもできます。
何かの知識を得ることで、自分の行動が少しずつ変わる可能性があります。

好きなものを覚えることをおすすめする理由③

好きなものを覚えると、「自分の好きなもの」と「そうでなかったもの」が意外なところでつながることがあります。

例えばサッカーが好きで、日本のプロリーグであるJリーグのクラブ名を北から南まで暗記したとします。北海道には「コンサドーレ札幌」がありますが、コンサドーレとはどんな意味でしょうか？

実は「どさんこ」の逆さ読み（こさんど）と、ラテン語で「行け」「頑張れ！」という意味を持つ「オーレ」を組み合わせた造語です。

「どさんこ」とは、北海道産の馬の品種の名前のこと（北海道出身の人を指すこともあります）。もともと北海道に馬はいなかったようですが、人が持ち込み、そのまま置き去られて生き残り、その後、明治時代に屯田兵たちが北海道開拓をしたときに活躍しました。

……これ以上は話が広がりすぎるので、ここで留めますが、**サッカーのチーム名を暗記**

したただけのはずが、その言葉の由来などを調べてみたところ、明治時代の北海道の歴史を学ぶことができました。

「どさんこ」という名前はなんとなく聞いたことはあっても、北海道の馬で、明治時代の北海道開拓に活躍したということまで知っている人は少なかったのではないでしょうか？

今回はJリーグのチームを北から覚えるという話を例に挙げましたが、アイドルグループでも、国旗と国名や車の名前などでも、意外なところに関連性があったりして、知識や興味、経験などがどんどん広がっていきます。そうなると、世の中の物事を体系的に見ることができたり、俯瞰的に捉えることができたりするようになります。

覚えることが苦手な方は自分の好きなものや興味があるものでいいので徹底的に覚えてみてください。

POINT

好きなものをとことん覚えると、「覚えられた」という自信と関連知識を得られる

Tips 15
ペットと記憶力の関連性

みなさんはペットを飼っていますか？　日本では約3割の人がペットを飼っていて、そのうちの8割が犬や猫を飼っています。コロナ禍で飼い始めた人も多いようです。

ペットの世話は日々大変ですし、病気になったり死んでしまうことはとても悲しいですよね。その一方で、ペットと触れ合うことで癒やされたり、一緒に時間を過ごすことでリラックス効果を得られたりします。

実はそんなペットも、「記憶」や「認知力」に関係しているといわれています。

アメリカのミシガン大学のブラリー氏の研究によると、**ペットを長期的に飼っている人は、飼っていない人と比べて「言葉を思い出す力」が高かった**という結果が出ています。

その因果関係ははっきりとわかっていませんが、ペットと触れ合う中で、毎日話しかけることが原因であると私は考えます。

現代では核家族化が進み、一人暮らしの人も増えていますし、結婚することが当たり前ではなくなっています。高齢になれば、結婚をしていても配偶者と死別や離別していることも多いでしょう。

すると、家庭内で誰かと話す機会は減ります。言葉を発さなくなりますし、外出する機会も減ってしまいます。

ペットは話せませんが、ペットがいることで、日々触れ合いながら話しかける機会が増えます。犬を飼っていれば、散歩の際に近所の人と話すきっかけにもなると思います。

〝誰か（第三者）〟と話すことが言葉を思い出す力を高めるということに関係しているのかもしれません。

POINT

ペットに話しかけることで言葉を思い出す力が高まる

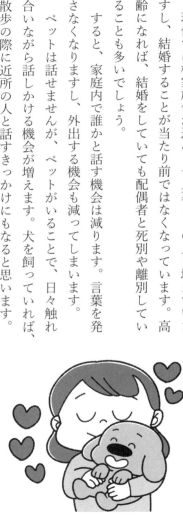

Tips 16 量が質に転化する

これは記憶に限りませんが、多くの人は、勉強やダイエットなどでも何かを始めるときはすぐに効果を求めがちです。

もちろん効果を期待することがモチベーションになるので間違ってはいませんが、**いきなり「質」にのみフォーカスして最大限の効果を得ようとしても、なかなかうまくいきません。**

私も講演会などで「ＴＯＥＩＣの点数を今よりも４００点ほど上げて、８００点を超えたいです。最短ルートで達成できる勉強法や記憶法を教えてください」と質問されます。

そのような質問には、「社会人なら平日は最低1日3時間、休みの日は8時間。学生ならどんなに忙しい日でも毎日4時間、できれば10時間は勉強するようにしてください」と回答するようにしています。

「記憶のプロだったら1日1時間くらいでなんとかならないのか？」のような質問を追加でされることもありますが、どんなに効率よく覚えようと思っても、1日たったの1時間程度では大した力はつきません。**特に学習初期はそれだけにコミットをして、一気に力を向上させることがとても重要です。**

また、たくさん勉強していると知識以外の勉強の勘所やコツのようなものも掴むことができるようになります。

そして英語学習に関して言うと、TOEICで600～700点を超える基礎が固まるあたりから「中・上級者レベル」になり、自分の弱点や効率などを重視して勉強してもそれなりに結果が出るようになります。これは私が日本チャンピオンになったメモリースポーツに関してでもそうですし、韓国語の学習でも同様でした。

勉強を始めるときは、質ばかりに注目をするのではなく、量をしっかりと確保して、ある程度レベルを高めてから質にこだわるようにするといいでしょう。

POINT

最短で身につける最初の一歩は、ある程度の「量」をこなすこと

Tips 17 イメージの重要性

テレビやラジオなどのメディアに出ると「記憶力を高めるのに一番大切なものはなんですか？」と聞かれることがあります。そのときは必ず「イメージすることです」と答えています。

「イメージする」とは、簡単に言うと**自分にとって最適な形で想像すること**です。

例えば「りんごをイメージしてください」と言われたら、ほとんどの人が赤くて丸いりんごをイメージすると思います。厳密に言うとりんごを加工したものなので、りんごとは別物ですが、アップルパイやりんごジュースをイメージしても構いません。

りんごの例を聞くと「イメージすることくらいできるよ」と思うかもしれませんが、入試問題や資格試験に出るような用語に対しても全く同じことが言えます。

一例を挙げます。「鎌倉幕府が京都に『六《ろく》波《は》羅《ら》探題《たんだい》』を設置した」ことを中学の歴史で

習います。「なんか昔そんなのがあったな」という感覚で構いません。

六波羅探題について忘れてしまっている人も多いと思いますので、簡単に説明します。

六波羅探題とは、

鎌倉幕府が主に地方にいる朝廷などが反乱を起こさないように監視したり、京都を警備したりする目的で作られたもの

です。この説明文を読んでもなかなか頭に残りません。

なぜ残らないのか。それは「あまりイメージがつかないから」です。

イメージがつきにくいのは、「幕府」や「朝廷」という言葉を、現代ではほとんど使わないからです。少しイメージしやすくするために、幕府＝政府、朝廷＝天皇やその親族、と言い換えましょう。「政府（幕府）が天皇や親族（朝廷）を監視する」と言い換えても、まだイメージがつきにくいので

「今と違ってLINEやメールもなければ電話もないし、地方で反乱が起きてもすぐには対処できないから、『六波羅探題』を設置したんだな！　監視されるのは朝廷にとって嫌だろうな。あっそうだ！　名前が六波羅ってパワハラやセクハラみたいだし、朝廷にとってのハラスメントで〝ロクハラ〟だ！」

と勝手にイメージしてみます。当時の政府の立場や朝廷の気持ちになって想像すると、とても記憶に残りやすくなるのではないでしょうか。

このように**イメージをすると、意味のわからない抽象的な言葉や印象の薄いものであっても、長期的に記憶しておけるようになります**。抽象的な言葉や難しい言葉を覚えたいときには、具体例を知った上でイメージしやすい形に変換して記憶することが重要です。

POINT

イメージを膨らませることで記憶に定着する

Tips 18

メモリースポーツが記憶力アップに圧倒的に効果がある理由

私は中学生や高校生を対象にした講演会などで、「圧倒的に記憶力を高めて勉強をイージーモードにしたいんです」といった質問を受けます。

著者である私もメモリースポーツで日本チャンピオンにもなったことがあるので、ポジショントークっぽくはなってしまいますが、「記憶力で他者を圧倒したり、試験などで無双したりしたいのであれば、まずはメモリースポーツを始めましょう」と伝えています。

メモリースポーツでは記憶力を競います。数字記憶や単語記憶、人の顔と名前記憶、トランプ記憶など最大10種目で総合力を競う競技です。先天的な記憶力の良さを競うと思われがちですが、トレーニングよって培った記憶術を使用して競います。

メモリースポーツの競技者であるメモリーアスリートは、小学生からシニア世代まで幅広くいます。その多くがメモリースポーツにとどまらず、自分が必要としている受験勉強

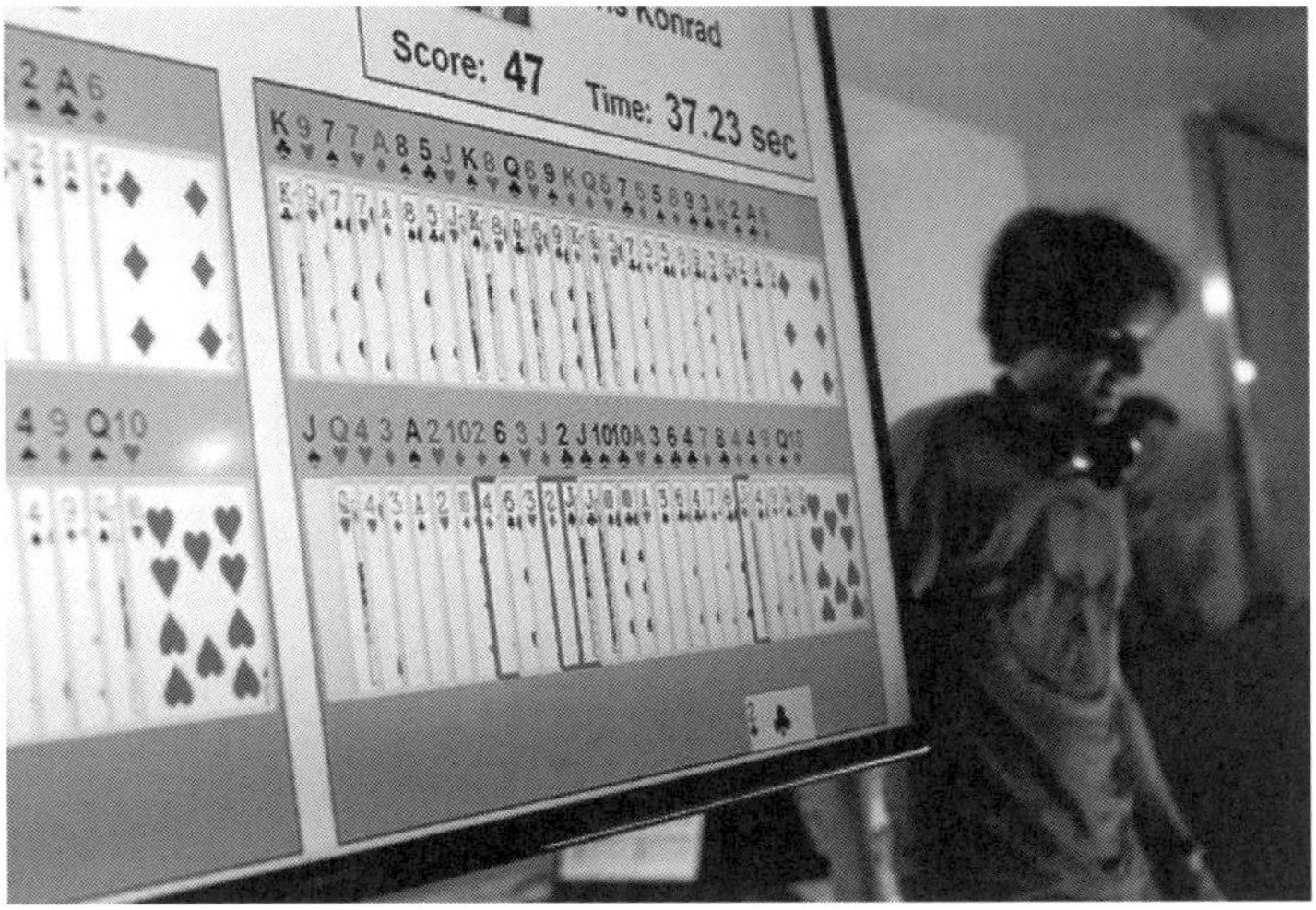

や資格試験の勉強に生かしています。特にトッププレイヤーであればあるほどその傾向があります。

このように話すと、「私は競技をやりたいのではなくて、勉強に生かしたいんです」という声を聞きますが、勉強に生かせるようになるためには、記憶のやり方を知っただけでは不十分です。

たくさんの訓練を通して、短い時間で大量に正確に記憶できるようになることで、受験や資格試験などで必要なものを暗記できるようになるのです。ピアノを弾けるようになりたいと思って、どの場所を押したら、どの音が出るのかを覚えてもピアニストのようには弾けるようにはなりません。

これと同様です。

メモリースポーツにおいても、ある程度しっかりと訓練をした人が到達できる「ライン」があります。そのラインを超えなければ、記憶術を使って覚えても、気合いで繰り返して覚えるといった非効率な方法でも結果はあまり変わらないのです。

このラインは5分間で100桁の数字を完璧に記憶できることだったり、5分間でランダムに並んだ日本語の単語50個を覚えられるようになることなどです。

試しに、左ページの単語の記憶に挑戦してみてください。

このレベルになるには、それなりに大変ではありますが、本気で取り組めば早い人で1カ月、多くの人は3カ月もあれば十分達成できます。

記憶術の本やスクールなどで、楽しく鍛えられるといいでしょう。

POINT

記憶は訓練して鍛えると、多くの場面で活用できる

【覚えてみよう】

イヌ	タイミング	ナフキン
歌手	ストロー	耳栓
動く	電話する	杖
ソーセージ	踊る	ゴリラ
友情	ジャグジー	泳ぐ
輝く	夜	タイマー
チャイム	ライト	椅子
自由に	夢	クリップ
時計	もがく	信じる
秘密	生きる	メイク
かすかな	しょうゆ	
衝撃	ジャム	
トカゲ	誰も	
梅雨	過去	
期待する	アプリ	
シャツ	勇気	
本当に	感電	
今日	英語	
伝える	進化する	
足	コーヒー	

Tips 19

処理水準効果とは？

認知科学や脳科学、心理学などで用いられる専門用語で「処理水準効果」という言葉があります。

ほとんどの方が知らない言葉ですし、大学院の入試で問われることもあるくらい難しい言葉なので覚える必要はありませんが、内容を知っておくと非常に有益な内容なので簡単に説明をします。

「処理水準効果」を検索すると、「何かを記憶するときに、形態処理や音韻処理をするよりも意味処理をしたほうが記憶の成績が向上する」とあります。これは昔の実験ですが、1972年にクレイク氏とロックハート氏によって発表された説です。

わかりやすくするため、「Apple」という英単語を例に解説します。

これはほとんどの方が日本語で「りんご」だとわかると思いますが、知らないという前

提で考えてみます。

形態処理で記憶するときは「Apple＝りんご」を、ただ見るだけで記憶します。

音韻処理で記憶するときは「Apple＝りんご」を、声に出したり音で覚えたりして記憶します。

意味処理で記憶するときは「Apple＝りんご」を見て、「Appleって果物なんだな。そういえばアップルパイにも使われているぞ。iPhoneを作っている会社もAppleでりんごのマークが使われているな」などと意味を考えながら記憶することを言います。

具体的な例を見ると、当然納得をする覚え方だと思います。しかしながら、意外にもいざ英単語や漢字、用語を覚えようとすると、何度もただ声に出したり、ひたすら書いたりする人が多いのも事実です。

繰り返すことも重要ですが、浅い記憶だとすぐに抜けてしまいます。1回で深く記憶に刻むこむということが「記憶の質」を高めるには非常に重要なので、この考え方を知った上で記憶するようにしましょう。

POINT

意味を考えながら記憶することで深く記憶に残る

Mnemonic
Methods

第 2 章

生活の中で使える記憶のコツ

Tips
20 → 33

Tips 20

記憶力に良い食べ物がある？

よく聞かれることの一つが「記憶力が良くなる食べ物はありますか？」という質問です。

多くの人は〝これ〟をイメージしているのではないでしょうか？「ドラえもん」をアニメで見たり、マンガで読んだりしたことのある人にはおなじみかもしれないですが、ドラえもんのひみつ道具の一つである「アンキパン」です。

アンキパンは一見普通の6枚切りくらいの厚さのある食パンですが、どのような科目でも覚えたいページに食パンを貼り付けると、文字がそのままパンに写りそれを食べることで、食べたページの内容が完璧に頭に入るという夢のような道具です。ちなみに作中ではのび太くんはお腹を壊して覚えたものを全部出してしまい、一から覚え直している場面があったので、記憶した内容を長期的に残せないというデメリットもあるようです。

少し話を戻して、現実にアンキパンのような食べ物があるかどうか、結論から言うと、そのようなものは残念ながらありません。

しかし人間の体は食べた物や飲んだ物をもとに作られているので、口にした物の質が悪いと、体型が崩れたり、肌荒れを起こしたり、病気の原因になったりします。それ以外にも睡眠や日中の活動の質にも大きく影響します。

日々の基本的な食事という面では、**栄養のあるバランスの良い食事を取り、食べすぎないことが重要**になってくるといえるでしょう。

最近では、青魚に含まれる「**DHA（ドコサヘキサエン酸）**」と「**EPA（エイコサペンタエン酸）**」、イチョウの青い葉から抽出された成分である「**イチョウ葉エキス**」が、脳内の神経伝達を活性化させることで、言葉や物のイメージ、位置関係などに関する記憶力や認知力が加齢によって低下するのを防ぐ機能を持っていることがさまざまな研究で報告されています。日本でも、タブレットやガムとして商品化されています。

ただしいずれも主に高齢者を対象にした実験結果であり、記憶力の低下を防いだり維持させたりする効果はあるものの、記憶力を大きく向上させるものではないようなので注意が必要です。

少し怪しいものですが、「スマートドラッグ」という記憶力を高めたり、眠気を防いだり、集中力を高めたりする薬があるようです。

当然ですが、人工的に作ったものでサプリメントより強い効果がありますが、依存性があったり、成分によっては禁止されているドラッグに近いものもあったりするので、到底おすすめできるものではありません。日本では認可されていないものが多いようなので、購入しないように注意をしましょう。

改めて食べ物や飲み物、サプリメントや補助食品、薬というさまざまな面からお話ししてきましたが、アンキパンの強化版のように食べたら記憶力が上がってずっと記憶していられるというものは存在しません。ですから、バランスの良い食事を取ることを基本として、追加で取るとしてもサプリメント程度にしておくとよいでしょう。

POINT

バランスの良い食事を日々の基本とする

Tips 21

記憶と睡眠の関係

メモリースポーツの多くの選手が試合前に最も大切にしていることが「睡眠」です。

私自身も２０１５年の世界大会に出場するときに、飛行機が大幅に遅れたことにより、大会前日の昼に会場近くのホテルに到着する予定が15時間ほど遅れ、空港に到着したのが試合開始4時間前、ホテルにチェックインできたのが試合開始3時間前という状態でした。そこからシャワーを浴びたり、試合の準備をしたりするとほとんど眠る時間はなく、30分だけ仮眠を取って試合に臨んだということがあります。

大会初日は、非常に負荷の高い種目が多く、スコアはボロボロ。2日目も3日目も巻き返そうとしましたが、悪いことは重なりミスを連発。空回りするばかりで、自分史上最悪のひどい試合結果になりました。

メモリースポーツは少し特殊な例かもしれませんが、一般的にも**記憶にとって睡眠は非**

常に重要であるといわれています。

現代人の情報量は非常に多く、1日にインプットする量は「江戸時代の1年分」、「平安時代の一生分」ともいわれています。

江戸時代を知る人は現代に残っていません。しかし確実に言えるのは、スマホは当然のこと、インターネットもテレビや新聞もなかったということ。情報を得る手段は強いて言えば、数日前や数週間前の遠方の情報が書かれた「瓦版《かわらばん》」程度でしょう。あとは自分の生活圏の中から得られるうわさ話やたまに届く手紙、実際に自分の見る情報程度です。

さらに、江戸時代の国民の識字率は5割くらいといわれています。文字すら読めない人が多かったことを考えると、手紙を書くことも決して当たり前ではなかったとわかります。そのように考えると、文字が読めなくてもできる仕事は多くあり、今で言う「ビジネススキル」は低くても生きていけました。

令和の現代はどうでしょう。識字率はほぼ100%。日本語以外の英語や中国語、韓国語などを使える人も珍しくありません。プログラミングやネットワークなどのIT知識は自分でコードを書かない営業職や企画職であっても必須ですし、スマホやパソコンが使えないと全く仕事になりません。

このように考えると、**現代では生きていくための「当たり前のレベル」が非常に高くなっている**といえます。社会で働くために覚え、身につけておかなければいけない知識は膨大になり、求められるスキルは高度化しています。

そんな現代では、日中に暇な時間はありません。外部からの情報をインプットすることがほとんどで脳内を整理したり、思い返したりする時間はなくなります。

特に今はYouTubeやTikTokなどで隙間時間を埋めるようなサービスも多いので、ふとした瞬間にさっきあったことを思い出して振り返る、といった時間がより少なくなってきているようにも感じます。

そんな**忙しい中で唯一、記憶を整理できる時間が「寝ている時間」**なのです。

昔からの研究で、人間の記憶は睡眠中に「長期記憶化するもの」と「そうでないもの」に選別しているといわれています。

何かの知識を身につけたければ、睡眠を取ることが重要です。一説によると、個人差はあるものの、**午後10時から午前2時くらいまでが記憶が長期化するための「ゴールデンタイム」**といわれており、その時間に睡眠を取ることが推奨されています。

特に仕事や試験勉強などで覚えることがたくさんある人は、日中に記憶して睡眠時間は削らずにしっかりと眠るように意識しましょう。一夜漬けなどはあまりおすすめできません。

POINT

睡眠中に、日中にインプットされた膨大な情報から「覚えるべきもの」を整理している

Tips 22 電子書籍と紙の本 どちらが記憶に残りやすいのか？

みなさんは本を読むとき、Kindleなどの「電子書籍」と印刷された「紙の本」のどちらを読む機会が多いでしょうか？

実は、記憶という面では「紙の本」のほうが記憶に残りやすいといわれています。

ノルウェーのスタヴァンゲル大学のマンゲン氏が実施した実験では、被験者の半分ずつに短編小説をそれぞれKindleと紙の本で読んでもらいました。

全員が読んだ後にテストをしたところ、物語の内容や登場人物に関しては差がほぼありませんでしたが、**物語内の出来事の並び替え問題では、紙の本を読んだ被験者のほうが良い**傾向にありました。

理由はさまざまに考えられますが、紙の本は体感的に読み返しやすかったり、残りのページ数がわかりやすかったりするため、物語の全体像を把握しながら読めるということが関係しているかもしれません。被験者が紙の本のほうが慣れているから記憶に残りやすいという可能性もあります。

この結果からいえば、学術書や専門書のような「物事の知識の基礎」となるような内容は紙の本がいいでしょう。

受験の参考書なども繰り返し使ったり、書き込んだり、自分の学習した分量を感じやすいほうが達成感や成長につながりやすいので、紙の本がよさそうです。

一方、電子書籍にも場所を取らない、値段が安い、持ち運びしやすいなどのメリットもたくさんあるので、読む内容や状況に合わせて選択するのがよいと思います。

例えば、雑誌や新聞のような日々刻々と変わるニュースなどは、長く保存する必要がなく、見返す機会も少ないので、電子書籍が向いていそうです。また、読んでみたいけど、面白いかわからないものも、紙の本より安くすぐに読めるので電子書籍のほうがいいと思います。

私自身は、電車や飛行機の中、宿泊するホテルでは電子書籍で、自宅やオフィスでは紙の本で読むことが多いです。そして電子書籍で読んで気に入ったものや、これはもっとじっくり読みたいと思った本は紙の本も買う、ということをやっています。

POINT

目的や本の内容、ＴＰＯによって紙と電子書籍を使い分けて読む

Tips 23

記憶力を高めるには運動が効果的

記憶力と運動は一見なんの関係もないように思えますが、実は多くの研究で運動をすることが記憶力向上に役立つといわれています。運動といっても筋トレや有酸素運動、ストレッチなどさまざまな方法があります。

では、記憶力を高めるには、どのような運動が効果的なのでしょうか。

最も効果が大きいといわれるのが「有酸素運動」です。有酸素運動でも、特に**中程度の負荷の有酸素運動が良い**といわれています。

中程度の負荷の運動は、ウォーキングや早歩きなどです。年齢や体調、個人差もありますが、**運動時の脈拍がおおよそ1分間で100〜150回程度に収まるもの**を指します。正確に知りたい方は、安静時の1分間の脈（安静時脈拍）を測りましょう。220から安静時脈拍と年齢を引いた数に0・4〜0・6をかけて、安静時脈拍を足した数値の脈拍数に

なる運動が、あなたにとっての「中程度の負荷」です。

35歳で安静時脈拍が1分あたり70回の場合

(220−35−70)×0.4〜0.6＋70＝116〜139回/分

年齢
安静時の脈拍
運動時の脈拍

週2、3回・最低20分程度の有酸素運動を取り入れる

少し話はそれましたが、有酸素運動は**最低でも20分程度、可能なら30分から1時間程度行う**のが望ましいとされています。また、有酸素運動を1回行っただけでは、ほとんど効果はありません。**週2、3回をできれば数カ月間継続できると、記憶力により大きな変化が出る**といわれています。

普段降りる駅の1つ手前の駅から歩いたり、少し遠くのスーパーまで歩いて買い物に行ったりするなど、日常生活の中に少しウォーキングを取り入れるのは、継続しやすくおすすめです。

有酸素運動をすると記憶力が良くなるのはなぜ？

有酸素運動をすると記憶力が高まる理由にはさまざまな説があります。有力なものを紹介します。

運動をすると、酸素を取り込もうとして体全体の血流量が増えます。必然的に、脳に送られる血液や酸素の量も増えます。有酸素運動を習慣化すると、安静時でも基礎的な体全体への血流量が増える傾向にあるため、脳へも酸素が循環しやすくなり、記憶力がよくなるといわれています。

また、運動をすると、脳の神経を伝達するのに関わるＢＤＮＦ（脳由来神経栄養因子）が増えるため、脳内（特に記憶に関わる海馬）への神経伝達が活発になるといわれています。

メモリースポーツ界では、この考え方を取り入れている選手が多いです。メモリースポーツの大会があるときは、試合会場から徒歩20～30分の場所にあるホテルに宿泊したり、朝に30分ほどホテルの周りを散歩したりして、試合に臨む選手もいます。

一点注意が必要なのは、同じ有酸素運動でも「高負荷のトレーニング」をしてしまうと、体に酸素を送ることでいっぱいになり、脳まで十分な酸素が行き渡らなくなることです。運動後も疲労感が強く出てしまい覚えられなかったり、ひどいときには頭痛を引き起こしたりして、何もできなくなってしまう場合もあります。

「ストレッチ」は、直接的には記憶力に関係がないといわれています。しかし、体がほぐれスッキリするので、リラックス効果があります。寝る前などにやるといいでしょう。

また最近は「筋トレ」ブームが続いています。筋トレ中は無心になれますし、筋トレによって体に変化が出ると自分に自信をもつことができます。より効果を得るために食事にも気をつければ、健康的になれます。あらゆることが「正のスパイラルに入る」といわれているので、非常に良いでしょう。

POINT

ウォーキングなどの「中程度の負荷の有酸素運動」をすることで記憶力が上がる

Tips 24

短い時間の仮眠（パワーナップ）でパフォーマンスアップ

勉強をしていたり、一生懸命暗記をしていたりすると、突然強い睡魔に襲われてウトウトしてしまう……そんな経験はないでしょうか？　特に昼食後の午後2時から4時くらいの間に起きることが多いようです。

こんな時は**我慢せず、15～30分程度思いきり眠ってしまいましょう**。

実際にパワーナップを取ることでＮＡＳＡ（アメリカ航空宇宙局）の実験でも認知力や記憶力、集中力などが増したという結果が出ているようです。反対にあまり長い時間寝てしまうと深い睡眠につながり、起きてからボーッとした状態になりやすいので注意が必要です。

POINT

眠いと感じたら積極的に仮眠を取る

Tips 25
顔と名前の覚え方

私の習慣の一つとして、仕事やプライベートでお会いした方に、何か記憶に関する困り事がないかをヒアリングするようにしています。そんな中、とても多くの方が困っていることが「人の顔と名前が覚えられない」という悩みです。なぜ人の顔と名前が覚えられないのでしょうか。

まず顔と名前が覚えられないと思う場面を考えてみましょう。

仕事で前に会った人の顔を見たり、テレビに出ている芸能人を見たりして「この人の顔、見たことあるけど……名前はなんだっけ？」と思う、という流れだと思います。

それでは、なぜそのようなことになるのか解説します。

人間の記憶は、「再生記憶」と「再認記憶」という2つの種類に分けることができます。

再生記憶は、今までに見たり覚えたりしたことを完璧に思い出すことです。人の顔と名

前の場合は、人の顔を見て名前を言えるというものです。
一方、**再認記憶は、今までに見たことがあるかないかを判断できるかどうかの記憶**です。

顔を見て「この人どこかで見たことあるな」という経験が、一度はあると思います。

人間は再生記憶よりも再認記憶のほうが得意とされていて、子どもから高齢者まで再認記憶の力はほとんど変わらないといわれています。**「見たことはあるけど、名前が思い出せない」というのは、再認記憶としては思い出せているけれど、再生記憶がうまくいかないというときに起きる**のです。

顔と名前が覚えられない理由がわかったでしょうか？　ここからは顔と名前の覚え方を具体的かつ論理的にお伝えします。

顔と名前を覚える際に必要とされる力は3つあります。それは①カオ認知力、②ナマエ連想力、③イメージ結合力です。一つずつ順を追って、丁寧に説明していきます。

①カオ認知力

「カオ認知力」とは、名前の通り、**その人の顔を見たことがあるかないかを判断したり、その顔から特徴的な顔のパーツや誰かに似ているなどを瞬時に判断したりする力**です。

カオ認知力が低いと前に見たことがあるはずなのに、初めて見ると判断してしまったり、見たことがあると思っても顔のどこに着目したのか、誰に似ていると感じたかなどがわからなかったりしてしまいます。

カオ認知力は**たくさんの顔を見て、できる限り短い時間で特徴を捉える練習をすれば簡単に鍛えることができます**。

顔を覚えることが得意な人は、顔のパーツの特徴や自分の好き・嫌いを含めて、その人の顔から感じる〝全体の雰囲気〟などを知覚する力が高い傾向にあります。

学生時代に、クラスにいた好みのタイプの人のことはすぐに顔を覚えられたり、なんとなく雰囲気が変わった感じの人だなと思った人は印象に残り簡単に覚えてしまったりしたという経験がある人もいるのではないでしょうか。それを意識的に行うようにすると、カオ認知力は大幅に向上します。

②ナマエ連想力

ナマエ連想力は、**相手の名前を見て何か別のものを連想する力**です。

名前を見聞きして別のものを意図的にわざわざ連想する人は少ないかもしれません。

例えば、自己紹介で「佐藤」という名字を聞いて、自分の知り合いの佐藤さんや、「佐藤健《たける》さん」や「佐藤隆太《りゅうた》さん」などの芸能人や有名人を思い浮かべるのが、この力をつけるときに有効です。

また、あまり聞いたこともなく、知り合いや思い浮かぶ人がいない名字の場合は、何か関連するものなどをイメージしても構いません。

例えば、「犬山《いぬやま》」という名字の場合は、「犬が山を登っている」イメージをする。イメージが難しい場合は、どちらかの漢字から関連づけて「犬」もしくは「山」イメージをするだけでも構いません。

重要なのは、名字から「何かイメージしやすい別のもの」をイメージすることです。

③イメージ結合力

イメージ結合力とは、**①カオ認知力と②ナマエ連想力で作ったイメージを〝つなげる**

力〟です。「顔は見たことあるし、名前も知っているはずなのに、それが出てこない！」という状況は、イメージの結合がうまくいっていないときに起きる現象なのです。

当たり前ですが、顔と名前は「この顔だからこの名前」という理由はありません。

イメージ結合力は、日常生活をしている中で身につきにくいので、ある程度練習が必要になります。

顔と名前の記憶と同じ要素のあるものは、英単語の記憶です。英単語を覚えるときは日本語の意味も覚える必要があるので、英単語と日本語の意味で語呂合わせ（ストーリー）を作って覚えるのも良い訓練になるでしょう。

カオ認知力、ナマエ連想力、イメージ結合力がすべてある一定の基準に達したときに、「その人の顔を見た瞬間、名前が出る」というメカニズムです。

具体的に例を挙げて説明していきます。

ここに中村さんという女性がいるとします。

まずは**①カオ認知力**を使います。

この女性を見て「20代前半くらい」「まつ毛が長い」「色白だな」などと第一印象を決め

ます。もし自分の知人に雰囲気や顔立ちが似ている人がいたら、その人をイメージしてもいいでしょう。ネガティブな印象でも本人に伝えるわけではないので、直感を大事にしましょう。

次に②**ナマエ連想力**を使います。

「中村」という名前から知り合いの中村さんや女優の中村アンさん、中村玉緒《たまお》さんなどを思い浮かべてもよいですし、「あまり大きくない中くらいのサイズの村」を思い浮かべても構いません。

最後に、①と②で捉えたイメージを結合（③）していきます。

「20代前半くらいの若くて、やたらまつ毛が長い女性が１０００人くらい住んでいる中くらいのサイズの不思議な村がある。そこには中村アンさんや中村玉緒さんも村民に混ざっている」とイメージしてみましょう。

一見複雑で非常に面倒に感じますが、練習をすれば数秒でできるようになります。

次のページで5人の顔と名前の記憶にチャレンジしてみましょう。

問題

1人10秒くらいで、記憶してみましょう。

山口

青木

外園《ほかぞの》

平田

榊原《さかきばら》

(　　　)

(　　　)

(　　　)

(　　　)

(　　　)

「顔」の特徴的なところに注目することができたでしょうか？（カオ認知力）
また、「名前」を見て何かを思い浮かべることができましたか？　有名人が思い浮かばなければ、平田から平な田んぼのようにイメージをしても構いません（ナマエ連想力）。
最後に、顔の特徴と連想したイメージから名前を連想できているかを意識して、確認してみましょう（イメージ結合力）。
カオ認知力、ナマエ連想力、イメージ結合力のうち、どれができていて何ができていないかを確認することが重要です。

イメージするには慣れも必要ですが、誰かと名刺交換をしたり、自己紹介をしてもらったりした際は、このように記憶してみると覚えられるでしょう。

また、私が運営している会社で、「カオナマエ」という顔と名前を覚えられるようになる脳トレゲームアプリ（無料）を２０２４年11月にリリースしました。
ゲーム感覚で、１日５分程度やれば顔と名前を覚える力が向上するので、ぜひ一度利用してほしいと思います。継続して遊べば、顔と名前の記憶の達人になること間違いなしです。

●「カオナマエ」のダウンロードはこちらから
https://kaonamae.memoaca.com/

POINT

カオ認知力、ナマエ連想力、イメージ結合力を練習すると顔を見た瞬間に名前を思い出せるようになる

Tips 26

名前ランキングを知っておくと顔と名前が覚えやすくなる

前のTipsでは、なぜ顔と名前が覚えられないのかという話と、〝その場〟で覚えるために必要な能力を最大化させる方法を紹介しました。このTipsでお伝えするのは、**〝事前に〟日本人に多い名字を記憶しておくことで覚えやすくする**という方法です。

事前に準備をしておくことで、例えば「伊藤」という名字を聞いたときに、「日本でトップ10に入るくらい多い名字だな」と関連づけることができます。

ちなみに、上位10位までの名字は全人口の10%を、上位１００位までの名字は33%以上人口を占めるといわれています。仮に**上位２００位くらいまで覚えたとしたら、人口の約半分の名字は事前に覚えていることになる**ので、人の名前を覚えるのがとても楽になります。まずは「トップ10」だけ覚えてみたり、順位を上から辿《たど》って自分の名字を探してみたり、自分の友人や同僚など知っている人や好きな有名人などの名字を探しながら眺めてみたりしてみましょう。

【名前ランキング（名字由来netより引用）】

順位	名字
51位	原田
52位	中川
53位	松田
54位	竹内
55位	小野
56位	田村
57位	中山
58位	和田
59位	石田
60位	森田
61位	上田
62位	原
63位	内田
64位	柴田
65位	酒井
66位	宮崎
67位	横山
68位	高木
69位	安藤
70位	宮本
71位	大野
72位	小島
73位	谷口
74位	今井
75位	工藤

順位	名字
76位	高田
77位	増田
78位	丸山
79位	杉山
80位	村田
81位	大塚
82位	新井
83位	小山
84位	平野
85位	藤本
86位	河野
87位	上野
88位	野口
89位	武田
90位	松井
91位	千葉
92位	岩崎
93位	菅原
94位	木下
95位	久保
96位	佐野
97位	野村
98位	松尾
99位	市川
100位	菊地

順位	名字
101位	杉本
102位	古川
103位	島田
104位	大西
105位	水野
106位	桜井
107位	高野
108位	吉川
109位	渡部
110位	山内
111位	飯田
112位	西田
113位	西川
114位	菊池
115位	小松
116位	北村
117位	安田
118位	五十嵐
119位	川口
120位	関
121位	平田
122位	中田
123位	久保田
124位	服部
125位	東

POINT

名前に関連する知識を持っているとすぐに覚えられる

順位	名字
1位	佐藤
2位	鈴木
3位	高橋
4位	田中
5位	伊藤
6位	渡辺
7位	山本
8位	中村
9位	小林
10位	加藤
11位	吉田
12位	山田
13位	佐々木
14位	山口
15位	松本
16位	井上
17位	木村
18位	林
19位	斎藤
20位	清水
21位	山崎
22位	森
23位	池田
24位	橋本
25位	阿部

順位	名字
26位	石川
27位	山下
28位	中島
29位	石井
30位	小川
31位	前田
32位	岡田
33位	長谷川
34位	藤田
35位	後藤
36位	近藤
37位	村上
38位	遠藤
39位	青木
40位	坂本
41位	斉藤
42位	福田
43位	太田
44位	西村
45位	藤井
46位	金子
47位	岡本
48位	藤原
49位	中野
50位	三浦

Tips

27

物忘れしたときに思い出す方法

「家の中で別の部屋に物を取りに行ったのに、何を取りに来たのか忘れてしまった」

「スーパーマーケットに買い物に来たのに、商品棚を見て牛乳を切らしていたかも？と思い立つも、買うべきか迷ってしまった」

「家の鍵を閉めたかどうか、駅に着いてから不安になる」

日常生活を送る中で、このような経験をしたことがある人は多いのではないでしょうか？

物忘れをすると記憶力が悪くなったと感じる人も多いです。

ところが**「物忘れ」という現象は記憶力というより、なんとなく行動してしまって起きる不注意や、他のことを考えながら行動するために認知力が低下して起きていることがほとんど**です。

なんとなく行動できることも、他のことを考えながらもちゃんと行動できることも、人間の脳が持つとても優れた機能です。何度も経験して慣れている行動は、エネルギー消費を抑えるため、頭を使わず「無意識」で行動できるようになるのです。そのため、日々の生活の中で「物忘れ」が起きてしまうのです。

この対策方法として**一番効果的なのは、もとの場所に戻ること**です。

別の部屋に何を取りに来たかわからなくなった場合は、可能であればもとの場所に戻ったり、もとの場所でやっていたことを再現したりすると、思い出せる可能性が高まります。思い出しやすくなる理由は、人間の記憶が「場所」と強くひもづいているからです。

わかりやすい実例としては、音楽を聴いたとき、前に聴いた際にいた場所を鮮明に思い出すことができたり、一度しか行ったことのない友人の家の間取りを不思議と思い出すことができたりするなどがそれにあたります。その時の状況を再現すると、行動理由に辿り着けるのです。

外出していてすぐには帰れないなど、**もとの場所に戻れないときは、「自分が戻った場合の状況」をできる限り鮮明にイメージしてみましょう。**

例えば、牛乳があったかどうか迷ったときには、自分が自宅の冷蔵庫の前にいることを想像してみます。

牛乳を普段飲んでいて常備している場合は、牛乳を注ぐ際に「残りが少なくなっているな」と感じたり、賞味期限を気にしたりすると思います。「ここ数日以内にそう感じたことはないか？」と考えてみたり、最近どこか（他のスーパーも含む）で牛乳を買ったりしていないか、買った牛乳のパッケージや種類などまでイメージしてみるとよいでしょう。

ここまでやって思い出せない場合は、どうしようもありません。

残量や今後どのくらい消費する予定があるか、一緒に住んでいる家族がいるなら聞いてみましょう。それでもわからなければ、買ってしまいましょう。

あくまで牛乳というそんなに高くないものを例としていますが、値段などあらゆる条件を総合的に判断してみてください。

POINT

物忘れをしたら「もとの場所」に戻ると思い出せる可能性が高い

Tips 28

忘れ物をしない方法

物忘れよりも防ぎやすいのは、「忘れ物」です。

明日、学校や仕事に持っていかなければいけないものがあるのにいつも忘れてしまう。洗濯機を回したことを忘れて、そのまま外出してしまい洗濯物が臭くなって困る。こういったことが「忘れ物」にあたります。

忘れ物をゼロにするのはかなり難しいですが、物忘れと違い、忘れ物はこれから（未来）に対することなので策を講じやすいです。具体的に対策方法をお伝えします。

①思いついたらすぐに行う

明日の仕事で名刺が必要な場合、「寝る前に準備しよう」ではなく、今すぐカバンに入れるようにしましょう。必要なものを「今すぐ」に入れたら、忘れることはありません。

②荷物の準備を毎日のルーティンにする

毎日寝る前に翌日の荷物を準備する癖をつけるとよいでしょう。カバンの中身だけでなく、着ていく服などの準備もできると時計やハンカチ、靴など持ち物と併せて確認できるのでおすすめです。

①の「思いついたらすぐに行う」で対策したものの確認も、改めてできるとなおよいでしょう。

③家の中に変化を加える

前日から準備できるものは①と②の対策をすればいいですが、コンタクトレンズやメガネなど「今使っているもの」に有効な対策が③です。

今はカバンの中に入れることができないが、当日忘れるととても困るものに対しては、家の中に変化を加えることが重要です。個人的に一番おすすめなのが、「玄関」に変化を加えることです。特に明日履いていく靴の中にボールを入れておいたり、玄関のドアにハンガーをかけておいたりするなどの**違和感を覚える状態をつくっておくことが重要**です。

私も翌日絶対に忘れてはいけないものがある場合は、玄関のドアノブにハンガーをかけ

ておき、朝家を出るときにハンガーを外して、ドアを開ける前にちゃんと準備できているか確認するようにしています。この習慣を取り入れたことで、忘れ物をすることがほとんどなくなりました。

地味な方法ではありますが、家の中に変化を加える方法は非常に効果的なのでぜひやってみてください。

POINT

忘れ物は、前日に準備をするか、玄関などに「違和感」を覚える状態をつくることでなくせる

Tips
29

道の覚え方

スマホで「地図アプリ」を出せば簡単に目的地に着けるので、昔と比べると地図を覚える必要がなくなってきています。しかし道を覚えられると、車の運転や街を歩くときに、場所の位置関係が把握しやすくなったり、街ごとに違う雰囲気なども感じやすくなったりするので便利です。

道を覚えられない理由はいくつかありますが、地図を見ていきなり目的地に向かおうとするということと、現在地と目的地の2点でしか見ていないということが挙げられます。

ここでは、道を効率よく覚えて、目的地に最短で到着する方法をお教えします。

①地図を見てスタート地点から目的地までの道を予習する

駅から目的地に歩いていくときは、電車の中や駅に到着したタイミングで駅から目的地までのルートを検索してみましょう。そこで**目的地までの道の途中にある「目印」となる**

ようなポイント（場所）をいくつかチョイスします。大きな通りやレストラン、公園などわかりやすいものであればなんでも構いません。道を曲がる角などにも特徴的なものがある場合は、覚えておくとよいでしょう。距離や道の複雑さにもよりますが、3～5つくらい見つけておけばおおよそ問題ありません。

「ストーリー法」などの記憶術を身につけている人は、簡単にポイントとなる場所を記憶することができると思います。

②実際に歩いて目的地まで向かう

アプリを開いていてもやりがちなのが、アプリのタイムラグによって、自分の進んでいる向きが間違って表示されており、間違った方向に行ってしまうことです。

そのため、**目的地の方向に歩み出すときには注意が必要**です。スーパーや川など目立つものがないか、間違ったとしてもすぐ気づいて戻れるようにしましょう。歩きスマホは危険なので、時々通行人や車などの邪魔にならないように立ち止まりながら、こまめに正しい方向に向かっているかを確認することが重要です。

アプリで適宜確認しつつ、進みながら事前に頭に入れたポイントとなる場所があるかどうかを確かめながら進みましょう。

③目的地に到着したら

目的地に到着したら、地図アプリに掲載されている写真と同じ建物であるか確認をしましょう。目的地に複数のフロアなどがある場合は、エレベーター内にはどの階に何があるか書いてないこともあるので、事前にフロアを確認してから目的の場所に向かうとよいでしょう。

基本的にこれで目的地に到着することはできますが、**到着したら、その目的地にはチェックを入れておく**とよいと思います。別の日に同じ場所を訪れたり、近くを通ったときに過去に覚えた道を思い出したり、別の道とうまくつながって街全体で見ることができるようになります。

さらに、大通りがこの先どこまで続いているのかなども知っておくと、全く別の地区でも意外と近い距離にあることがわかったり、街の雰囲気のちょっとした違いを感じることができたりして、非常に便利なのでおすすめです。

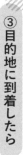

実際に私も2023年に会社を移転した際、地図アプリを見ながら、街をいろいろ散策しました。弊社がある東京大学で有名な「本郷」と、レトロな雰囲気のある「谷根千」（谷中・根津・千駄木エリア）が徒歩10分程度の距離であることがわかりました。本郷から谷根千とは反対に向かうと徒歩20分くらいで東京ドームや遊園地がある「後楽園」、不忍通りを行けばパンダやアメ横で有名な「上野」、国道17号線を行けば電気街で有名な「秋葉原」も車で10分弱で着ける距離であることを知り、とても驚きました。

道を覚えておくと、目的地までの道を覚えることが楽になるだけではなく、何よりも街の行き来が楽しくなります。人生が豊かになるので、道を覚えて知識を増やしておくと非常によいと思います。

POINT

地図アプリを活用しながら、目印となる場所を見ながら目的地に向かうと道を覚えられる

Tips 30 記憶に効く場所（家の中編）

Tips 8で「インプット：アウトプット＝1：3の法則」について説明をしました（記憶を定着させるという意味で非常に重要な考え方なので、まだ読んでいない方はぜひ読んでみてください）。記憶力を高めるには、インプットよりもむしろ「アウトプット」が重要なのです。

スマホやタブレットの普及などにより、隙間時間でも動画を見たり、本を読んだりできるようになりました。

体に入る情報が多ければ多いほど、当然すべての内容を覚えることは困難になります。アウトプットする時間も少なくなってしまうので、たくさん情報を体に入れたけど、自分の中で消化しきれず定着できない、という事態に陥ってしまいます。

そんな**忙しい現代人でも、アウトプットできる場所や時間があります。**

次に紹介する場所は、ほとんどの人が一日の中で一定の時間を過ごすと思います。その時間をぜひ有意義に使ってほしいです。

①お風呂

最近のスマホは防水機能もついているので、お風呂の中にスマホを持ち込む人もいるようですが、基本的に精密機器なので持ち込まないほうがいいでしょう。

お風呂は一人で温まりながらリラックスできる空間です。お湯につかっているときやシャワーを浴びているときは目を閉じましょう。

目を閉じて、今日覚えたことや今日あった出来事などをゆっくりと思い出してください。

思い出すのは勉強や仕事で覚えたこと、覚えたての英単語、今日受けた授業の内容などなんでも構いません。

今日特に何も暗記をしなかった人は、朝起きてからお風呂に入っている「今」の時間までの一日の出来事を時系列で思い出してみましょう。うれしかったこと、おいしかったもの、ちょっとイラッとしたことなどいろいろなことが思い出されると思います。

多くの人は夜にお風呂に入ると思いますので、このタイミングで思い出してみて「今日覚えたけど忘れてしまったもの」があれば、寝る前までにもう一度見直すのがおすすめです。例えば、スペルを思い出せなかった英単語は、再度見直すことで記憶に定着します。勉強以外でも、今日中にやるべきことを思い出したら、風呂上がりから寝るまでのわずかな時間に消化してしまいましょう。

②ベッド（布団）

人間の記憶は「寝ているとき」に長期記憶化されるといわれています。そして、脳内では常に新しい記憶から整理されています。

つまり、寝る直前に暗記したものから夜、夕方、昼、朝の記憶の順に長期記憶化されるので、寝る前に記憶した内容が最も記憶として定着しやすいのです。

試験を控えていたり、仕事で覚えなくてはいけないものがあったりするときは、**いきなり電気を消して眠るのではなく、3分間でも、英単語5個でもいいので、ベッドや布団の中で暗記をする**ようにしましょう。

そして記憶が終わったら、電気を消して目を瞑《つむ》ります。

クタクタに疲れているときはすぐに寝てしまう人もいると思いますが、基本的には睡眠に入るまで少し時間があると思います。その時間に、先ほど覚えた内容や今日覚えた内容、一日の出来事などを思い出してみましょう。

寝つけなくなるといけないので、**思い出せないものがあっても電気をつけて無理に覚え直したり、確認したりする必要はありません。**

もし寝る直前に覚えた英単語をうまく思い出せなくても、一日の出来事で思い出せないことがあっても、翌朝に起きてから確認すれば問題ありません。「思い出す」という行為をしっかりとやることが重要なのです。

お風呂とベッド以外にもトイレや皿洗いなどのルーティンワークの時間も、なんとなくボーッと過ごすのではなく、頭の中で何かを「じっくり思い出すチャンス」とすると記憶力が高まります。

POINT

隙間時間はアウトプットする絶好のチャンス

Tips
31
記憶に効く場所（家の外編）

家の中以外でも記憶に効く場所があるので紹介します。

①電車やバス

通勤や通学にバスや電車を使う人も多いと思います。特にオフィス街などに向かう路線は満員電車で身動きが取れず、教科書や本を開くことは難しいでしょう。

スマホを見るのではなく、お風呂やベッドなどと同じように目を瞑って覚えたことを思い出そうと復習したり、勉強の戦略や一日のスケジュールを練ったりしてもよいでしょう。

思い出せない場合は、スマホを使って調べ物をするのも正解です。

②カフェ

街中には多くのカフェがあります。家ではなかなかやる気が起きなかったり、図書館だ

と静かすぎて逆に集中できなかったりするということもあると思います。

そんなときは、カフェを活用してください。適度な広さがあって、ざわざわしすぎず客層の良いカフェがよいでしょう。チェーン店だと、個人的にはエクセルシオールカフェがおすすめです。

学生街にあるカフェは、客も学生が多いので勉強している人も多く、人の目も気にならなくなります。自宅や職場の近所などに良いカフェを見つけられるとベストです。

私はAirPodsで同じ音楽を聴き、外の音を適度にシャットアウトしながら、何かを覚えたり、思い出したりしていることが多いです。そして記憶することに疲れたら途中で読書をして気分転換をしています。

カフェは場所によってはかなり混み合いますし、1杯のコーヒーで長居するとお店にも迷惑がかかる場合があります。「1時間でやり切る！」などと短めの時間を決めておくといいでしょう。

POINT

移動中や勉強環境を変えて、集中して記憶する時間をつくる

Tips
32
駐車場での駐車位置とナンバープレートの覚え方

駐車場で自分がとめた場所がどこかわからなくなることはありませんか？

とめるときにボーッとしていたり、他のことを考えていて無意識だったりすると思い出すことはできません。

駐車場で迷わないための一番理想的な方法は、自分の駐車する位置にルールや法則性を決めておくことです。

どのようなルールでも構いません。「駐車場に入って一番手前にとめる」「できる限りショッピングモールの建物とつながるエレベーターの入口に近いところにする」「とめやすい端っこに駐車する」などです。

もちろん混んでいて空いたところにとめないといけない場合もあるので、そのときは仕方がありません。

しかし普段ならとめない〝マイルールに外れるところ〟にとめると、「今回は混んでいたから、いつもとは違うところにとめたぞ」と思えるので、インパクトになり記憶に残りやすいです。

次に**車から降りたら、必ず車の位置を確認するようにしましょう**。「何台あるうちの何番目か」「壁にはアルファベットや数字が書いてないか」「駐車場内の目立つ標識や外の景色」などです。パッと認識するだけで構いません。数は少ないですが、駐車場によっては壁に動物の絵柄がついていたり、フロアやエリアが色によって分けられていたりすることもあります。その場合は非常に覚えやすいでしょう。

また、**エレベーターや階段を降りるときに、フロアガイドを確認する**ことも重要です。大抵の場合、エレベーターホールや階段の近くに書いてあるので認識するのは難しくないはずです。

巨大なショッピングモールの駐車場の場合は、「駐車場からショッピングモールに入るとき」がポイントです。**最初に目に入ったお店を覚える**ようにしましょう。駐車場に戻る際にたくさんの出口があっても見つけやすくなります。

対策をしても、どうしても忘れてしまう人は、自分の力ではなく「テクノロジーの力」

に頼りましょう。iPhoneを使っている場合は、「AirTag」という忘れ物トラッカーを車の中に入れておくと、アプリで詳細な場所までわかるのでおすすめです。

駐車した場所がわかるように車の写真を毎回撮るなどの行動を習慣化してもいいでしょう。

最近は事前精算方式やゲートがない駐車場も多く、車のナンバーを入力して車種を確認してから精算を行うところも増えてきました。そんなときに**自分の車のナンバープレートの4桁の数字がわからない**という場合が多いようです。

ナンバープレートの数字がランダムの場合は、語呂合わせで記憶するようにしておきましょう。

例えば、ただ数字をイメージ化するのではなく、自分の車で何かが起きている様子をイメージします。ナンバーが「53-15」の場合は、「車の上にゴミ箱（53）が載っていて、その中には大きなイチゴ（15）が入っている」というように、奇想天外なイメージにするといいでしょう。

語呂は「Tips 93の「数字記憶法」を活用するのもおすすめです。その場合は、「車をナス（53）が運転していて、穴（15）に落ちた」などとストーリーを作ります。

車は基本的に年単位で乗るものなので、これを数回もやれば簡単に記憶できます。有料ですが、車のナンバープレートは自分で数字を決めることも可能です。誕生日や記念日、持ち家の人は自分の家の住所などに設定する人が多いようです。

忘れない工夫を今日からしてみてください。

POINT

生活の中のちょっとした工夫で物忘れをなくしたり、減らしたりすることができる

Tips

33

パスワードの覚え方

現代はネットショッピングやWi-Fiなど、覚える必要があるパスワードがたくさんあります。特に最近は数字だけではなく、アルファベットの大文字と小文字を組み合わせたものや、〇文字以上などの条件がある複雑なパスワードを求められることが増えています。

理想はすべてのパスワードを正確に覚えていることですが、記憶の達人でないと非常に困難です。銀行の暗証番号やスマホのＩＤ、よく利用するサイトのパスワードなど、**「本当に重要なもの」を5種類ほどに絞って一気に記憶するようにしましょう。**

使用するサービスにもよりますが、他人に推測されにくい安全なパスワードに設定することをおすすめします。

しかし、他人に推測されにくいということは、自分でも覚えにくいということ。そこで効果的な方法が、「数字記憶法」と「アルファベット記憶法」です。

例えば「Pc38Nxj7」という8文字の銀行のログインパスワードを覚えるとします。まず知っている単語に置き換えられないかを見ます。Pcは「パソコン」を意味するので、それを覚えます。残りはTips 74と92、93で掲載したイメージ表と合わせて、ストーリーを作って記憶していきます。「自分のよく行く銀行ATMで、**大きなパソコンが複数台ある（Pc）を開くと、サヤエンドウ（38）から巨大な看護師（N）が出てきて、たくさんのクリスマスツリー（x）を立てた。クリスマスツリーにたくさんのジェット機（j）と七面鳥（7）の飾りとしてぶら下げた**」というイメージで記憶するといいでしょう。

重要なパスワードは使用頻度が高い場合が多いので、一度頑張って覚えたら、何度か使用するうちに自然に覚えるはずです。

パソコンや机の周りにパスワードを貼っている人を見かけますが、非常に危険です。重要度の低いパスワードは、パソコンやスマホが自動で入力する機能などを活用しながら、安全に利用しましょう。

POINT

数字とアルファベットを覚えやすいものに置き換えると記憶できる

Mnemonic
Methods

第3章

今すぐ使える記憶術

Tips
34→54

Tips

34

神経衰弱で勝つ方法

家族や友人と誰もが一度は「神経衰弱」をやったことがあると思います。多くの人が、そのときの記憶力と運で勝負をしているのではないでしょうか？

神経衰弱も戦略的に行うことで勝率を高めることができます。今回は、比較的にすぐに実践できる、勝率を高める方法を紹介します。

神経衰弱で勝つ方法　その1　できる限りきれいに並べる

神経衰弱では52枚のトランプを使いますが、**バラバラに並べると場所の記憶がしにくくなるので、できる限りきれいに並べる**ようにしましょう。視野の中に全部のトランプが入ったほうが記憶しやすくなります。

おすすめの配置は、「縦7枚×横7枚＋3枚」です（136ページの図）。余った3枚を飛び出して配置すると、その3枚が覚えやすくなるのと、7枚の中の配置も混同しにくく

なります。

神経衰弱で勝つ方法 その2 めくる順番

神経衰弱の対決はめくる前から有利不利が決まっています。**順番が後ろになればなるほど、たくさんのカードを見た状態でカードをめくることができるので有利**です。

もちろん何人でやるのかにもよりますが、基本的には後攻（後ろのほうの順番）になるようにしてください。6人以内でやることが多いと思うので、そのような場合は5番目か6番目がいいでしょう。

10人以上など多くの人数でやる場合は、あまり後ろだと順番が回ってきづらくなるので、あまり後ろすぎない順番がよさそうです。統計でも**5、6番目あたりが一番良い**というデータもあるようです。

神経衰弱で勝つ方法 その3 見たカードをあえてめくる

神経衰弱では多くの人が当たり前のように一度も見ていないカードをめくろうとしますが、実はこれは戦略的に正しくありません。場合によっては、すでに見たカードをめくったほうが良い場合もあります。

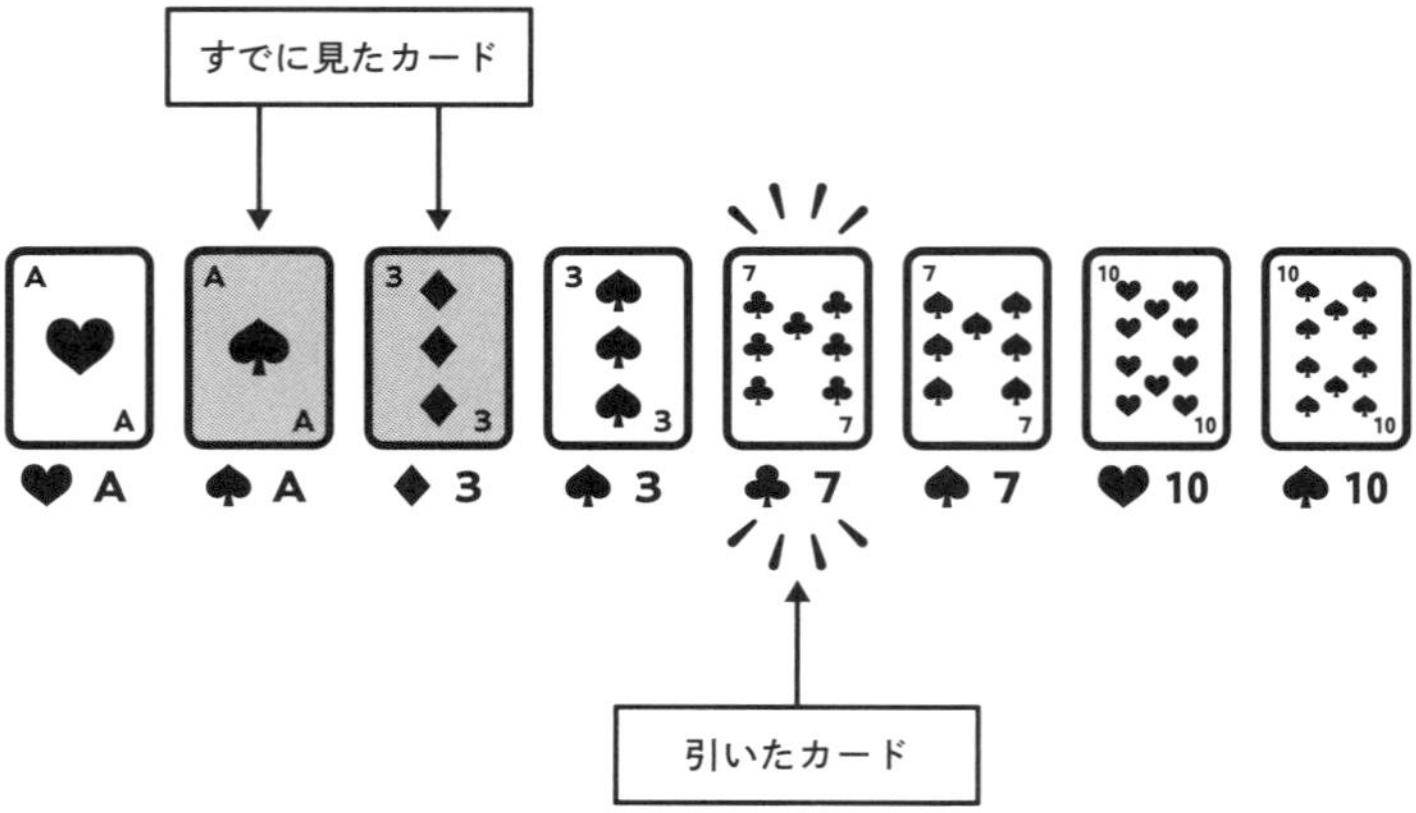

わかりやすい例ですが、トランプが8枚残っているとします。グレーの2枚のトランプがすでにめくられていて覚えているカードです。色のついていない6枚のトランプはまだめくられていないカードです。

このとき、「♧7」を引いたとすると、2枚目に「♤7」を引ける確率は6分の1。ここで引けないと、相手のターンになります。6分の5の確率で「♤7」以外の、どのカードを引いたとしても、相手のターンにカードを取られることになってしまうのです。

このような状況がゲーム後半には頻発するので、見たカードをあえてめくるという作戦は非常に有効になります。

対戦相手にこの戦略を真似されると当然

自分の勝率が下がるので、「確認のためにめくった」「間違えてめくった」という体でめくりましょう。

神経衰弱で勝つ方法　その4　だいたいのエリアで覚える

【その1】で説明したように、圧倒的に記憶しやすくなるので、きれいに並べることが最も重要ではあることは言うまでもありません。

ただし、きれいに並べても、なんとなくの場所で覚えてしまうと記憶から抜けてしまうことがあります。

きれいに配置したら、エリアに分けて覚えることが重要です。**エリアを「左上」「右上」「左下」「右下」「真ん中」「余り」と6つのエリアに分けましょう**。このように分けて覚えると、全体で見るよりも直感的にどこにあるかわかりやすくなります。

もちろん正確に覚えられるほうがいいですが、後半になるにつれてだんだん苦しくなります。「左上にあったなぁ」程度で認識しておくだけでも、覚える量が増えても直感的に取れる確率が比較的高まります。

【トランプのエリア】

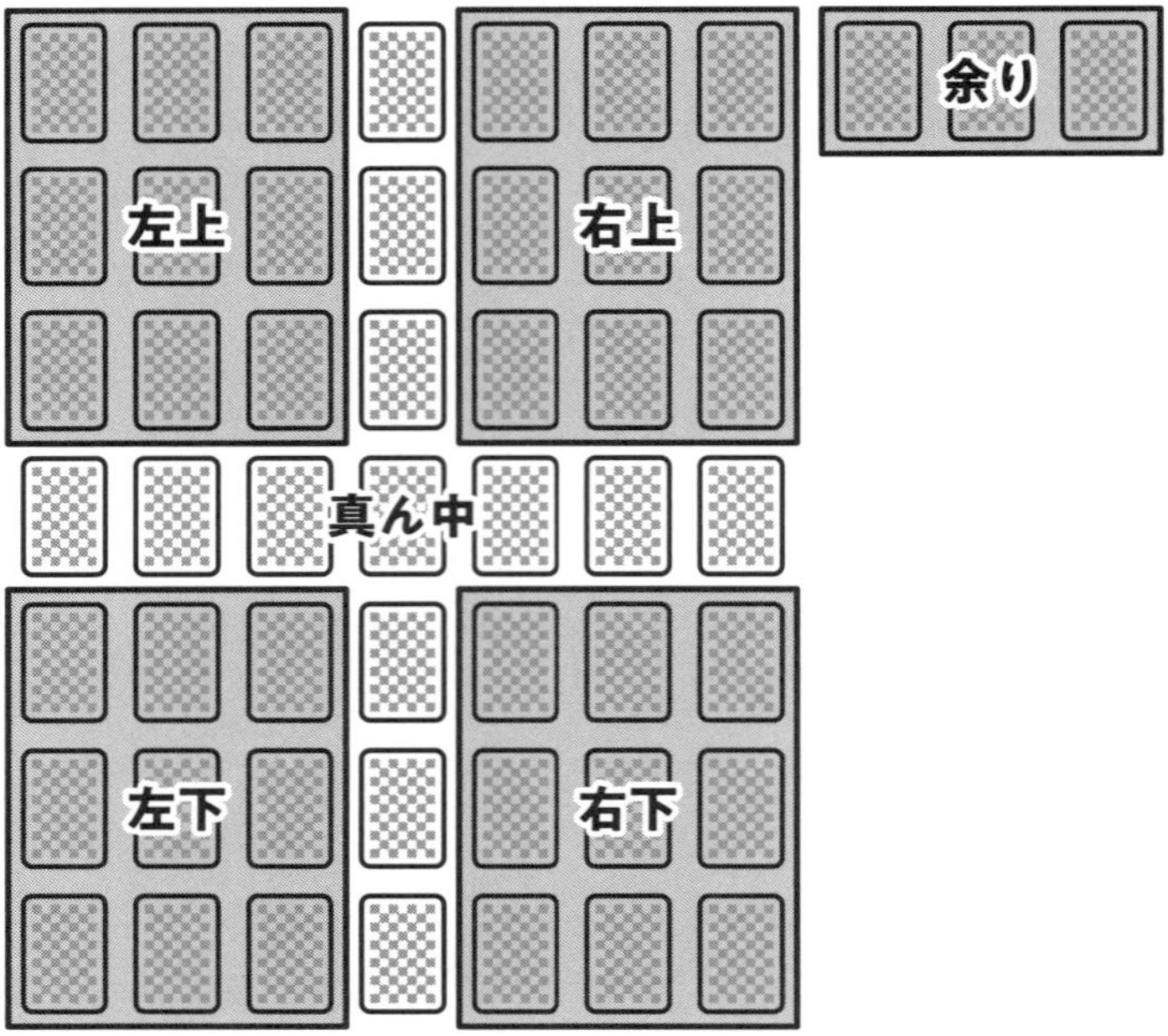

神経衰弱で勝つ方法　その5　数字だけをイメージ化して覚える

トランプにはマークと数字がありますが、神経衰弱ではマークを覚える必要はありません。「数字」以外の要素は、無視して構いません。しかしながら、数字は無機質なものなので、数字を覚えようとしてもなかなか記憶に残らないのです。

そこで、**1（A）～13（K）までの数字の「イメージ」を事前に用意しておきます。**数字のイメージは数字記憶法やアルファベット記憶法を使います。

イメージは自分で作ることをおすすめしますが、わざわざ作るのが面倒だという人は次の表を覚えてください。これだけでとても楽に記憶できるようになります。ぜひ活用してみてくださいね。

1 (A)	イチゴ
2	にんじん
3	サンマ
4	鹿
5	ごはん
6	ろうそく
7	ナイフ
8	ハチ
9	きゅうり
10	十字架
11 (J)	豆
12 (Q)	お姫様
13 (K)	王様

トランプをめくったときに数字とアルファベットとしてではなく、「イメージ」として頭に残るようになります。カードを見たらすぐに、次のようにイメージできるまで、何度も練習をしてみましょう。

これらの方法はすぐに実践できるので、1つでも取り入れるようにしましょう。

POINT

神経衰弱は「戦略」と「記憶法」で無敵になれる

Tips 35 目次を見ることの重要性と好きな範囲から覚えることを知る

会社での昇進のために資格を取らなきゃいけない。たくさん覚えなくてはいけないことがあるけど、好きな勉強ではないし、なかなか頭に入らない。

こんな人は多いのではないでしょうか?

勉強を始めるとき、教科書や参考書の「1ページ目」から始める人が多いのですが、実はあまり良い勉強方法ではありません。**まずは「本の目次を見る」ことを強くおすすめします**。本の目次をしっかり見てみると、わかることが大きく分けて3つあります。

①前から勉強しなくてもよいことがわかる

本は一冊になっているという構成上、前から読みたくなりますが、一部の本をのぞいて必ずしも前から勉強する必要はありません。**あまり興味のない話が出てきたら、やる気を失うだけ**です。

中学生時代、私は歴史を教科書の一番初めのページから勉強していました。しかし「アウストラロピテクス」や「北京原人」などが登場しても、あんまり面白くないと感じてしまいました。

ところが、教科書の後半には明治から昭和にかけての内容があり、自分の親や祖父母の時代のことが書かれています。「３Ｃ」（カラーテレビ、カー、クーラー）や「三種の神器」（白黒テレビ、洗濯機、冷蔵庫）などの言葉を見て、「当時の冷蔵庫は氷屋さんが来て氷を入れて冷やしていた」という衝撃的な話を聞いたことを思い出し、楽しく勉強することができました。

また明治時代の文明開化で牛肉が食べられるようになり、これをきっかけに身長が伸びたという話を聞いて、「自分は明治以前に行ったら大男だな。一体どんな生活だったんだろうか？」と想像したりしていました。

中学の歴史の話ではありますが、**自分が身近に感じることができたり、興味を持つことができたりする分野から勉強してみる**とよりよいかもしれません。本書も目次を見て、気になったTipsから読み、取り入れることをおすすめします。

②本の全体の構成を見渡すことができる

本の全体の構成がしっかりと理解できると、本を読んでいても俯瞰《ふかん》的に捉えることができます。先が見えない中で勉強をすると、今勉強しているテーマがどのくらいで終わるのか、どの位置にいるのかというのがわからず精神的にもつらくなります。さらに、どのくらいの理解度で読めばいいのかわかりにかったりもします。ゴール地点がわかっていれば今やっている内容が見えるので、学習する上で非常に楽に勉強ができるようになります。

③重要なポイントがわかる

本の目次を見ると、その本の「重要なポイント」がわかります。全体のページ数の中で多くのページ数が割かれている部分は重要であったり、試験に出やすいポイントと考えていいでしょう。

POINT

目次で全体構成を掴み、自分の興味のある範囲から勉強を始める

Tips 36

人に記憶術を使う

「記憶力を高める」というと自分の記憶力を高めることをまずイメージしますが、実は**記憶術を使って他人の記憶力を高めることも可能**です。人に記憶術を使って記憶力を高めることのできる例をいくつか紹介しますので、ぜひ実践してみてください。

人に「名前」を覚えてもらう方法

イベントや大規模な会議などでたくさんの人と名刺交換をする機会やお客さんの前でプレゼンをする機会があるビジネスパーソンも多いと思います。営業職の方から「出入りの業者が多く、人に顔を覚えてもらうのに苦労している」という声をよく聞きます。みなさんは自己紹介するとき、どのように行っているでしょうか？

普通に名刺を差し出して「株式会社〇〇の××です」と名乗っていませんか？　これで

は相手になかなか覚えてもらえません。自己紹介は、工夫が不可欠です。

私の場合は、「株式会社メモアカの青木です。青木なので、学生時代はブルーツリーというあだ名で呼ばれていました」と自己紹介しています。

他にも、『踊る大捜査線』（フジテレビ）というドラマでは、織田裕二さん演じる青島警部補が「都知事と同じ名前の青島です」と自己紹介をしていました。放送当時（1997年）の東京都知事は青島幸男《ゆきお》さんで、彼は小説家やタレントをしていたこともあり知名度が高く、「青島」と聞いて多くの人がイメージしやすい、とても良い自己紹介です。


人の顔と名前には理由がないので、**多くの人にとってイメージしやすい名前で紹介してあげる**ことが重要です。

もし自分の名前と同じ著名人がいない場合や思いつかない場合は、漢字を説明しながら自己紹介をしてもよいと思います。「藤《ふじ》の花の藤に田んぼの田で藤田です」といった具合です。

また、私の場合は名前に色が入っているので「株式会社メモアカの青木です。青木なので、学生時代はブルーツリーというあだ名で呼ばれていました」という自己紹介に「青いワイシャツで青いカバンを持っています」と付け加えたり、少し笑いを入れたいときは

「持ち物はだいたい青で、お見せできないですが、パンツまで青いんですよ」と話したりしています。このように持ち物に工夫をしたりしてもいいでしょう。

仕事で「業務内容」を覚えてもらう方法

どのような仕事でも新人が入社したら、必ず業務を教えると思います。実際に業務を教えても、なかなか業務を覚えてもらえないと思ったことがある人も少なくないでしょう。その一方で、新しい業務に挑戦する側も覚えたいのに覚えられなくて悩んでいるという人も多いのです。

業務内容の教え方を工夫することで、覚える側も楽に覚えられるようになります。今回はいくつかある工夫の中で「特に効果の高いもの」を5つ紹介します。1つでもいいので実践してみてください。

①小学5年生に説明するつもりで説明をする

新しく入った人は、その分野に関して素人《しろうと》である可能性が高いです。似た業務の経験があったとしても、その企業や部署などの「文化」のようなものがある場合があります。

そこで、**教える相手が「社会科見学や職場体験に来ている小学5年生」だと思って説明**

するようにしましょう。

ちなみに「小学5年生」とするのは、相手をバカにする意味で使用しているのではありません。言っていることはしっかり理解できる語彙《ごい》力や判断力などを持っている〝素人〟という意味で、誰にとってもイメージしやすい一つの存在として使用しています。

②全体像を言葉や視点を変えて繰り返し説明をする

新しい業務を教えられる側が覚えられない理由の一つが、その業務がなんのために存在しているのか理解していないということにあります。

実際に私が前職の出版社時代に担当していた日次業務の一つに、「販売中の企画商品の販売数を各県にある営業所ごとに出す」という業務がありました。

この業務を行う場合は、売上データの出し方の具体的な手順を教えれば、データ自体は出すことができます。しかし、このデータが何に使われるのか、なぜ日次なのか、なぜ営業所ごとなのか、それが何につながるのか、データの特徴などもわかると、**業務自体の解像度が上がり手順を覚えやすくなったり、業務自体を工夫して効率化できるようになったりします。**

私は九州・沖縄エリアを担当していましたが、県別に見ても販売力に差があったり、企

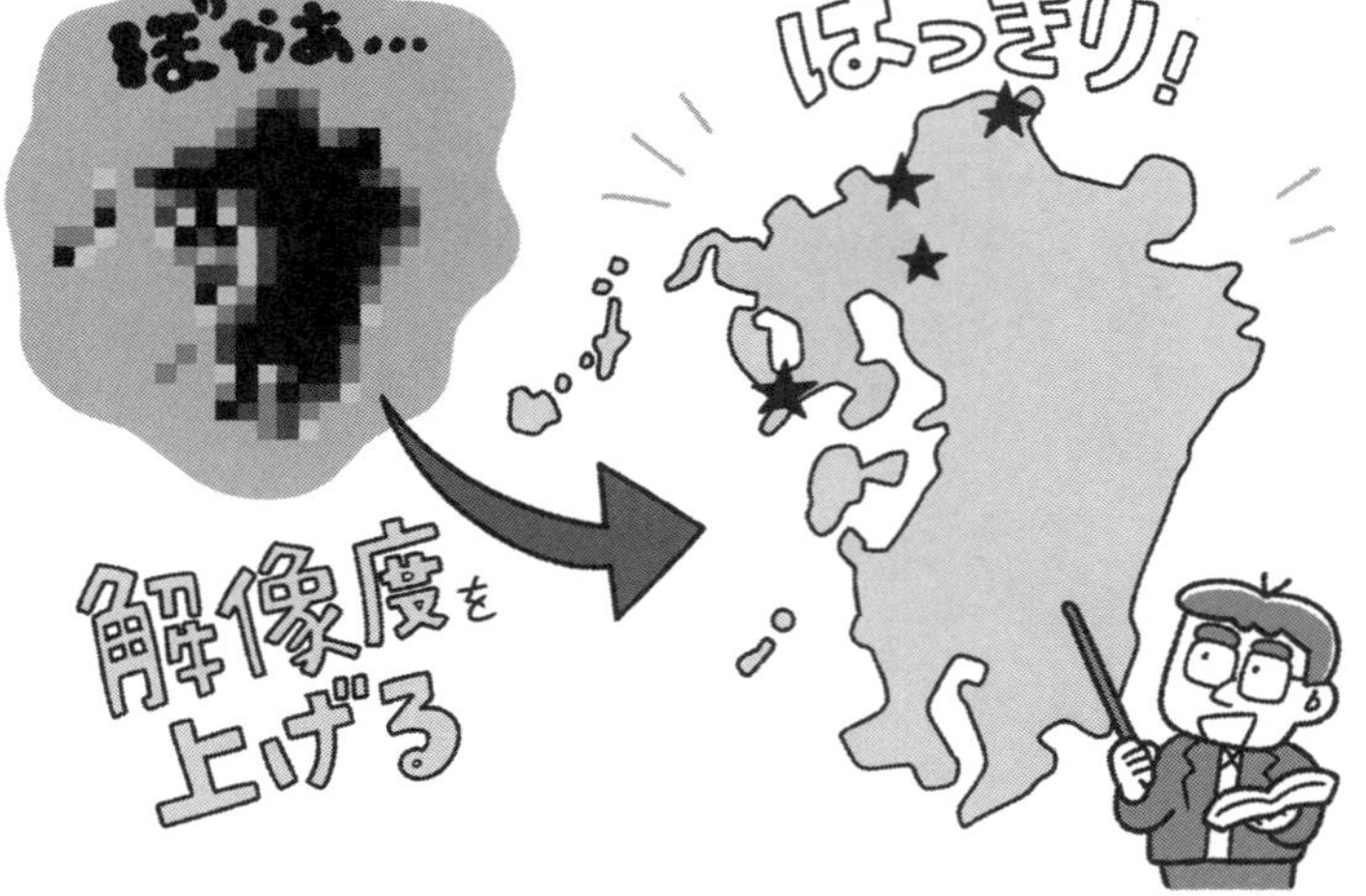

画ごとに大きく売れ行きが違ったりしました。例えば「長崎県は販売先の件数が少なく営業の人数が少ないから、そもそも売れる上限が低い」という理由がわかれば、売り上げが少ない理由を理解できます。

さらに、「福岡県は福岡市、北九州市、久留米市など大きな商圏があるので販売数を稼ぎやすい。反対に長崎県は長崎市が一番多く、佐世保市に販売先が少しある程度で、そんなに売り先がない」と対比しながら説明できると、イメージがしやすくなります。

③具体例やビジュアル化して説明をする

前述の「福岡県は福岡市、北九州市、久留米市など大きな商圏があるので販売数を稼ぎやすい。反対に長崎県は長崎市が一番多く、佐世保市に販売先が少しある程度で、そんなに売り先がない」という説明をするときに、ただ口頭で説明するだけではやや工夫が足りません。

地図や実際のデータを見せながら説明をすると、都市の人口規模や都市間の距離、地形（長崎は坂が多く、県の真ん中に大きな大村湾があるなど）もイメージがつきやすく、理解が深まります。商品を売る場合は、手元で商品を見せながら説明をすると、誰に対してどのタイミングで売りやすいのかなども感じてもらいやすくなるでしょう。

④細かく区切って相手が理解しているか確認しながら説明する

業務の手順だけでなく、その背景や特性、改善案などまで話していると当然情報量が多くなります。すると話が長くなり、ポイントがわかりにくくなります。

そのため、**話をする際は「手順」「全体像」「背景」「特性」「展望」などに分けて説明をする**といいでしょう。

そして区切りのタイミングで「ここまで理解はできていますか？」と丁寧に聞くことが重要です。人によってはわかったふりをすることがあるので、注意してください。

⑤相手に自分の説明したことを説明させたり実際に実行させたりしてみる

④まで完了したら、最後にまとめとして相手に説明してもらいましょう。

本人は「わかったつもり」でも、いざ説明をしてみるとよくわかっていない部分が出てきたりします。

特に作業の場合は、「慣れ」がある程度必要なものもあるので、実際に何度か横について作業をさせてみることも重要です。

繰り返し作業をしているときに重要なポイントを改めて説明をしたり、質問をしてみたりすると相手の理解が深まります。定着も早まるので、ぜひ取り入れてみてください。

POINT

イメージしやすい自己紹介や解像度の高い説明をすると、他人に覚えてもらいやすくなる

Tips 37
再生記憶と再認記憶をうまく使う

「再生記憶」と「再認記憶」は、「Tips 25で人の顔と名前を覚えるときに活躍する記憶としてお伝えしましたが、本Tipsでさらに詳しく説明します。この言葉の意味を知っていると記憶する上で非常に便利です。

次の5つの果物を記憶するとします。記憶にチャレンジしてみてもいいでしょう。

覚えた果物を、できれば上から順番に思い出してください。

1	
2	
3	
4	
5	

ヒントなしで、しっかり思い出せるのが「再生記憶」です。

それでは、前のページで覚えた果物のうち、次の選択肢の中からあったものを5つ選んでください。

これが「再認記憶」です。10個の選択肢から正しく5つを選べるか、一つずつ見てあったかなかったかを選択するというのも再認記憶にあたります。

実際にチャレンジしたら体感できますが、「再生記憶」のほうが難易度は高く、深い記憶と想起が必要になります。「再認記憶」のほうが見たものを選んだり、有無を判断したりするだけなので、再生記憶と比べて楽に思い出すことができます。記憶に関する研究でも、多く使われるのは再認記憶です。

再生記憶の中でも記憶の「質」に差があります。

なんとなく「バナナ」があったというのではなく、「1番目にバナナがあった。そのバナナは4本あり、バナナの先が左を向いていた」と完璧に答えられると、より再生記憶の質が高いといえます。認知科学や脳科学の専門用語ではありませんが、完璧に思い出せるようになることを本書では「**完全再生記憶**」と呼ぶこととします。

勉強や学習において、出てくる用語の意味を長期的にしっかりと理解しており、一言一句間違えてはいけない場合がほとんどです。つまり、**再認記憶では不十分で、より質の高い記憶である「完全再生記憶」に近い状態であることが重要**になります。実際に英単語を使って具体的な例を見ていきましょう。

achieveは「達成する」や「成し遂げる」という意味の、やや難易度が高い英単語です。achieveという単語を見たときの、それぞれの記憶の状態は次の通りです。

- 「達成する」と瞬間的に出てくる
  →完全再生記憶が長期的にできている状態
- イメージや印象として「完了する」や「できる」など、「確かこんな意味だった」とおおよその正しい意味が思い出せる
  →再生記憶ができている状態
- 「見たことはあるけど、なんだっけ？」となる／選択肢にあればわかる
  →再認記憶の状態

初めて見たという方は「記憶したことがない状態」（記憶前）です。今の段階で意味を知らなくても、「へぇ、そうなんだ」と知っておくだけで問題ありません。

もし頭に浮かんだ言葉が全然違う意味だった場合は、間違えて覚えている可能性が高いでしょう。

理想的な状態である長期的に完全再生記憶の状態にするには、基本的に次のプロセスを辿ります。

①記憶前：見たことがない状態
②再認記憶：選択肢にあればわかる
③再生記憶：おおよその意味はわかる
④完全再生記憶：瞬間的に正しい意味を言える

今回は英単語を覚える例を出しましたが、他の内容でも基本となるプロセスは同じです。自分で暗記をするときは、どこの記憶段階にいるのかを意識して記憶したり、思い出したりするとよいでしょう。

POINT

試験で求められるのは「完全再生記憶」。瞬間的に思い出せるまでは、意識して暗記する

Tips

38

ゲーム感覚で記憶する

英語や試験勉強の用語の暗記などは、地道に覚えて思い出すことを大量に繰り返します。この時、単純作業になり退屈で頭が働かず、だんだん記憶に残りにくくなるという経験は誰にでもあるのではないでしょうか。

気合いで乗り切る人もいるかもしれませんが、モチベーションを保ち続けるのは非常につらいので、少しでも記憶に残りやすくなる方法をお教えします。

脳科学では、「楽しい」や「うれしい」といったポジティブな気持ちを持っていると、記憶に残りやすくなるという研究結果があります。**ポジティブな気持ちで記憶する方法として、単純作業をゲーム化するという方法があります。**

①ゲームのルールを作る

複雑なルールを作る必要はありません。

例えば、英単語を覚えるときには「10個の単語を記憶し、解答時間3分以内に思い出す」というルールを作るといいでしょう。毎回タイムアタック気分で記憶できますし、記憶にかかった時間、正解できた個数や解答にかかった時間などをメモしてリスト化すると、自分の成長を感じることができます。

もちろん記憶する単語のレベルにもよりますが、たくさんの英単語を正確に思い出せたり、早い時間で解答できるようになったり、過去に覚えた個数などが数値でわかると自分の積み重ねてきた努力を感じることができます。

②アプリやWEBサービスを活用する

内容にもよりますが、学習者の多いものだとアプリ化やWEBサービス化されているものがあります。

おすすめのアプリやサービス

- mikan：学校や塾などで使用している人気の英単語帳なども搭載したアプリ
- モチタン：対戦形式で英単語を覚えるアプリ

- メモアカ：記憶術を学習できるサービス
- Progate：プログラミングを学習できるオンラインサービス
- アルゴ式：完全無料のプログラミング学習サービス

どのサービスも、単純に覚えたり学習したりするよりも、ゲーム形式で楽しく成長を実感しやすいです。さらに、つまずきやすいポイントをしっかりとおさえていて、長続きしやすい仕組みで作られています。

気持ちももちろん大切ですが、根性論で学習するのではなく、うまくテクノロジーの力を活用するようにしましょう。

POINT

自分でルールを作るか、ゲーム形式で学習するサービスを活用する

Tips 39
試験直前は苦手なものや出題確率の高いものに絞りアウトプットだけをする

試験直前に教科書や参考書を読み込んでいる人を、電車の中や試験会場でよく見かけます。しかしこの勉強法はあまり賢い勉強法とは言えません。

「教科書や参考書を読む」ということは、本にある情報を体にインプットする作業にあたります。試験では、体の中に入れた情報を、試験で用意された問題に対して正しくアウトプットする能力が問われます。そのため**試験直前は、できる限り試験に出やすいものや自分の苦手な分野、勉強の足りていない分野のアウトプットをすることが重要**です。

アウトプットの方法はさまざまなものがありますが、本書では比較的簡単にできて効果の大きいおすすめの方法をお教えします。

①単語カード

誰もが一度は見たことがある「単語カード」。表面に覚えたい単語や用語を書いて、裏面にその意味や説明を書くやつですね。
覚えたものは外して、残った「苦手なものだけ」を集中して覚えることができます。

②一問一答の問題集

社会科では日本史や世界史、理科では生物や無機化学など、比較的「暗記」要素の強い分野では、一問一答の問題集が非常に有効です。
自作の単語カードと違い、問題集はその科目のプロフェッショナルが作ったものがほとんどなので、自分の知らない問題や盲点となりがちな内容が簡単におさえられます。

③体記憶法や場所法を使う

アウトプットに最適な方法としてTips 70と71で説明をする「体記憶法」や「場所法」があります。具体的な方法は各Tipsを読んでいただくとよく理解できると思いますが、単語カードや一問一答の問題集のようなものがなくても、確実にアウトプットができるという点がメリットです。

単語カードや問題集などは繰り返しているうちに順番で覚えてしまったり、チラッと見えた内容がヒントになってしまったという経験がある人もいるでしょう。

しかし体記憶法や場所法はものを使用しないためそのようなことは起こりません。また混雑した電車やバスの中、お風呂の中、真っ暗な部屋で眠る直前に目を瞑った状態であってもアウトプットができます。

それだけでなく、用語を体や場所に結びつけることで、単語カードや問題集、教科書などの持ち込みができないテストや試験のときと全く同じ環境でアウトプットすることが可能なのです。脳内に単語カードをしまう感覚で行います。

一度この方法を身につけてしまえば、チート（ズルをしていると感じるくらい他人と比べてできる状態）をしているような感覚になります。自分の脳内に答えはすべて入っていますし、他にできる人はほとんどいないからです。Tips 70と71を読み、何度かチャレンジをして自分のものにしてしまいましょう。

POINT

試験直前はアウトプットだけに集中する

Tips

40

1日10個、何かを覚えてみる

私が講演会やメディアの取材などで記憶力を良くする方法を聞かれたときの、答えの一つが「1日10個、何かを覚えてみる」です。

直近に資格試験やテストを控えている人以外で、毎日コンスタントに何かを覚えている人はほとんどいないのではないでしょうか？

なぜ「1日10個、何かを覚えてみる」のがよいのか。それは、**何かをできるようにするには、少しでもいいので毎日継続することが重要だから**です。

例えば、数学が苦手な人ができるようになるには、数問でよいので、毎日数学の問題を解くことが一番の近道です。料理がうまくなりたければ、どんな簡単な料理でもよいので、毎日1回は作ってみる。これがおいしい料理を作れるようになることにつながります。

記憶も同様です。自分の好きなことで構いません。野球が好きなら野球の選手名鑑を、

ポケモンが好きならポケモンを覚えてもいいでしょう。

1日「10個」でも、1年間続けると365 0個のものを覚えたことになるのです。

当然普段から覚える訓練をしていると、記憶するのが上手になるので、覚える時間た早くなります。脳も覚える習慣がついているので、たくさん覚えても疲れにくくなります。

それだけではありません。実は覚えたものが思いもよらないところで知識として発揮されることがあります。

私は昔、西武ライオンズのカブレラ選手が好きでした。野球好きな人にとっては有名な、とても豪快なフォームで特大のホームランを量産する選手です。カブレラ選手はベネズエラという南米の遠い国が出身地で、テレビでスペイン語を話しているのを見たことがありました。

たまたまですが、世界史を勉強しているときに「ベネズエラやコロンビアは、昔どこの国の植民地だったのか」という問題が出たことがあり、カブレラ選手のことを思い出してスペインと答えることができたのです。

このように一見すると、野球選手の顔と名前やプロフィールを覚えることは別のことと関連がないように感じるかもしれませんが、**細かい知識がパズルのピースのようにはまっていき、思いもよらないところでその知識がつながる**ことがあるのです。

やらなくてはいけない勉強で覚えるのが苦痛でも、自分が好きなものを覚えることは容易です。どんなものでもいいので、自分の好きなことや興味のあるものから覚えてみましょう。

POINT

少しずつでも覚えるという習慣が記憶力を良くする

Tips 41

記憶力が良くなるゲーム

現代は子どもから大人まで、多くの人がテレビゲームやスマホゲームを楽しんでいます。ロールプレイングゲームやサッカーゲーム、リズムゲームなど多様な面白いゲームがありますが、今回はその中でも特に「記憶力に良いゲーム」をいくつか紹介します。

①桃太郎電鉄シリーズ

コロナ禍で大ヒットしたゲームとしてかなり話題になりましたが、『桃太郎電鉄シリーズ』（KONAMI）は記憶力を鍛えるのにとても良いゲームです。これは、簡単に説明をすると、サイコロを振って日本全国（世界版の場合は、世界各地）の目的地を目指すというすごろくゲームです。

日本各地の駅が目的地になるので、地名を覚えたり、各地域の名物を覚えたりすることで、地理に非常に強くなります。戦国武将がたくさん登場する作品は「歴史」、世界版をプレイすれば、世界中の国の名前や位置、首都を覚えられます。ゲームとしてもすごく楽しいので、ゲームを純粋に楽しみながら知識や記憶力を伸ばすことができます。

②eFootball™（ウイニングイレブン）

サッカーゲームの中でも、とても人気のあるソフトの一つが『eFootball™』（ウイニングイレブン／KONAMI）です。

サッカーゲームなので、記憶力とは関係がないように思えますが、ゲーム内に登場するチームは、実在する国の代表チームや各国クラブチームの選手が登場します。**さまざまなチームと対戦しているうちに、国の名前と国旗を記憶できるようになります。**

また現在の『eFootball™』は、選手名が実名で収録されています。そのため、その国でよく使われる名字を知ることができます。韓国の場合は「金《キム》」や「朴《パク》」、イングランド（イギリス）の場合は「スミス」や「ジョーンズ」が多いと気づくでしょう。

また世界のクラブチームは、クラブチーム名に「都市名」が入っていることが多いです。強豪クラブは首都や大都市にあることが多いので、**各国の中心となる都市も記憶できます。**

サッカーが好きな人には、『eFootball™』を強くおすすめします。

③メモリーカード

トランプのゲームの一種の「神経衰弱」向けに開発された記憶ゲームが『メモリーカード』です。私が開発に携わった『天才きおくカードゲーム』は、「しろ・いぬ」「くろ・ねこ」など色と動物の2つの条件が描かれており、同じ色でも同じ動物でも札を取ることができるゲームになっています。子どもにもなじみのある動物なので、覚えやすいのが特徴です。また普段の生活で色を意識する機会は多くないですが、モノクロ（2色）のものを覚えるよりも、カラーのもののほうが記憶に残りやすいという海外で行われた記憶の研究の結果を応用しています。

色の認知力を高めつつ、記憶ゲームを通して楽しみながら記憶力を高められます。

これらのゲームなら、『いつまでゲームやってるの！』と怒られても「記憶力を高めている最中だから」と言い訳できるかもしれません。

POINT

楽しくプレイするだけで自然と記憶力を鍛えられるゲームがある

Tips
42
人に説明してみる

教科書を読んだり人から説明を聞いたりして、完璧に内容を理解したと思っても、実際に問題を解いてみると全然解けないという経験はよくあります。その理由は、インプットした状態ではあるけれど、それを完全に吸収できておらず、まだ体系的にアウトプットすることができないためです。

テストは広い試験範囲の中の〝ごく一部〟だけが出題されることがほとんどだと思います。どこを聞かれてもしっかり点数を取れるようにするためには、**学校や塾の先生のように、その「分野」について最初から最後までしっかり説明できるようになればよい**のです。

人に説明できるようになるためには、いくつかポイントがあります。

① 話の全体の流れの初めと終わりの部分を決め、書き始める

② 間の見出しとなる部分の題目を決める

……説明する範囲の広さにもよりますが、全体の中に区切りとなる部分があります。そのような部分のテーマ（見出し）を決めて書いてみましょう。

③各テーマの中のキーワードを書き出す

……各テーマで外してはいけない「キーワード」を箇条書きにしてみましょう。文章で書くのではなく、単語で書くことが重要です。

④キーワードの意味を理解し暗記する

……キーワードを暗記してみましょう。暗記するときにそのキーワードの「意味」をしっかりと理解をしているかどうか、考えながら覚えるとよいでしょう。

⑤暗記したキーワードをもとに、各テーマの内容を「誰か」に説明する

説明する相手は、自分の家族や友人がいいでしょう。

もし人に話すのが恥ずかしい場合や、説明する内容に相手があまり興味のない場合は、**「ぬいぐるみ」に対して先生になったつもりで授業をしてみるのも効果的**です。静かな部屋でぬいぐるみに話し続けていて、我に返ると「自分は一体何をしているのか？」という気分になることもあると思いますが、めげずに続けましょう。

説明していて「あれ？　これってなんだっけ？」「ここってどんなつながりがあったっ

け？」と思うことがあります。その部分こそ、「**理解が浅いところ**」です。理解が浅いところがわかったらすぐに調べて、きちんと理解すれば、次は間違えなくなります。

各テーマ（見出し）の順番はバラバラでもいいですが、**ある程度全体を説明できるようになったら、複数の見出しを続けて話してみてください。**

地道な作業ですが、これを繰り返すと理解が深まるだけでなく、人前で話したりプレゼンをしたりすることもうまくなるのでおすすめです。

POINT

先生のように説明できるようになったら、完璧に覚えられた証拠

Tips
43
記憶力を高める文字

「文字」が記憶に作用するのか、という実験が世界中で行われています。ここでは、文字の「色」「大きさ」「フォント」についてお話しします。

記憶力を高める色

私たちの生活の中にはさまざまな「色」があります。人間が認識できる色の数は、なんと100万色もあるそうです。

色に対してあまり強く意識を持っていない人が多いと思いますが、色には興奮作用や鎮静作用、リラックス作用があります。「赤」はお祭りのようなエネルギッシュなイベントで使われたり、寝室のライトは「真っ白」よりリラックス効果のある少し「オレンジ系の色」が使われていたりしますよね。

それでは記憶に良い色はあるのでしょうか？

単語を記憶する際にどの色で書かれていると記憶力が高まるかを調査した複数の実験の中に、**「記憶には青がよい」**というものがあります。その理由として、青色は心を落ち着かせる効果があるからだといわれています。

また**文字の色は濃い色よりも「薄い色」がよい**ようです。

文字の大きさやフォント

文字のサイズは大きいものよりも「小さいもの」のほうが記憶に残りやすいです。これは薄い色が記憶に効果的であることと同様に、**文字が小さいと、その文字を認識しようとして注意力が上がるため記憶に残りやすい**という結果になったようです。

フォントの種類でも同じことがいえます。読みにくいフォントのほうが、はっきりと読めるフォントよりも記憶に残りやすいという実験結果が出ています。

このような結果を最大限活用しようとすると、すべての文字を認識しづらい文字で書くことになります。

しかし、それではストレスが溜《た》まり、なかなか読み進められないと思いますので、**基本**

的な文章は黒い文字で普通に書きつつ、覚えるべき重要な用語は薄めの青い文字で小さく書くとよいのかもしれません。

ＰＣなどで文章を作るときも、薄めの青い文字で小さく読みにくいフォントで書くとよいでしょう。

読みやすいフォント

読みにくいフォント

読みにくいフォント

読みにくいフォント

POINT

覚えたい用語は薄い青色・小さい文字・読みにくいフォントで書く

Tips
44
チャンク記憶法

電話番号やカフェなどのWi-Fiのパスワードを記憶して入力をするとき、どうやって覚えていますか？

例えば、「090-17△△-56××」といった電話番号は、「090」「17△△」「56××」のように数字を区切って覚えるのではないでしょうか。

このように、**バラバラの数字（大きな情報）をまとまった塊（小さなグループ・分類）として区切って覚えることを「チャンク化」と言います**。

11桁の電話番号なら、数字を3桁&4桁&4桁のように分割したり、携帯番号に多い「090」を〝覚える必要がない部分〟としてうまく省いたりすると覚えやすくなります。「17」が入っている番号だったら「野球の大谷選手の背番号と同じだな」などと自分の覚えやすいものに置き換えたりすることができます。

人間は、あまり長い文字の並びや多くの単語を記憶することができません。チャンク化

すると、それ自体で認知しやすいものになったりするのでおすすめです。

このチャンク化は勉強にも応用することができます。

例えば、ランキング結果を覚える場合。２０２１年のカツオの水揚げ量の上位３県は「1位 静岡県　2位 宮城県　3位 高知県」でしたが、『どの県も太平洋側にある』というチャンクを作ることができ、記憶しやすくなります。

チャンク化の練習問題にチャレンジしてみましょう。

問題 次の「生物」を2つのグループに分けてみましょう。

イルカ、イヌ、カラス、ニワトリ、マグロ

チャンクの例① 哺乳類：イルカ、イヌ／卵生動物（卵を産む生物）：カラス、ニワトリ、マグロ

チャンクの例② 海の生物：イルカ、マグロ／陸の生物：イヌ、カラス、ニワトリ

POINT

数字や英単語、複数の国や地域名はチャンク化すると覚えやすい

Tips 45

記憶力が上がる音楽

普段勉強をするとき、どのような環境で行っているでしょうか？　図書館のような静かなところで勉強する人もいれば、カフェの少しガヤガヤした中で勉強する人、家で音楽を聴きながら勉強する人もいるでしょう。

覚えるということにおいては、どのような環境が「最適」なのでしょうか？

もし何か特定の音楽を聞くと記憶力が高まるのであれば、試したいという人もいると思います。

心理学や認知科学の研究で有名なものとして、「モーツァルト効果」というものがあります。１９９３年にカリフォルニア大学のラウチャー氏による実験で、モーツァルトの「**2台のピアノのためのソナタ　ニ長調**」を学生に聴かせたところ、癒やし系の音楽や無音だったときと比べて、記憶力の知能テストのスコアが高くなったという結果が発表されま

した。これは音楽を聴きながらではなく、**音楽を聴いた直後10～15分間程度に効果があり、長くは続かない**というものでした。

その後、ラットなどの動物や、他の音楽家の曲でも実験が行われました。「他のクラシック系の音楽でも効果がある」という肯定的な説から、「音楽を聴いたことにより脳が覚醒しただけ」という否定的な説までさまざまです。

ただし、モーツァルトを聴いて記憶力が悪くなるということはないようですし、ポジティブな気分で何かを覚えるのは良いことです。モーツァルトの「2台のピアノのためのソナタ　ニ長調」を聴き、良い曲だと感じたのであれば、勉強前に聴いてみるのはいかがでしょうか。

学習系のセミナーや商品などでは、このモーツァルト効果を拡大解釈し誇大広告気味に使用しているものもあるようなので、ご注意ください。

POINT

「2台のピアノのためのソナタ　ニ長調」を聴くと10～15分程度に効果があるといわれている

Tips 46

好きな人から学ぶと記憶力が上がる

学生時代、好きな先生や嫌いな先生はいませんでしたか？　スウェーデンのルンド大学のブラマオ氏の研究では、**自分が好意を持っている人から暗記に関する問題を出されたときのほうが好きでない人から出されたときよりも成績が良い**という結果が出ています。

私の実体験では大学受験の予備校の生物の先生の授業がわかりやすいだけでなく、とても面白かったおかげで生物が大好きになり、なんと半年で偏差値が20も上がりました。最終的には30以上アップし、全国上位にも入ったほどでした。

学校の先生を自分で決めることは難しいですが、塾や予備校のように自分で先生を選べる場合は、体験授業などを受けてから受講を決めるとよいでしょう。

POINT

好きな先生から学べば効率よく成績を上げられる

Tips 47

誰かと一緒に記憶する

学生は「受験勉強で英単語をたくさん覚えなくてはいけない」「次の小テストで歴史の出来事と年号を覚えなくてはいけない」などという課題が毎週のように迫ってきます。

社会人の場合は「昇進のためにＴＯＥＩＣの点数を一定以上取らなければいけない」「資格試験の勉強をする必要がある」など、通常業務以外にも課題が山積みです。

学生も社会人も**「一人」で記憶すると、孤独になりがちで非常に挫折しやすくなります。**

このようなときにおすすめしたいのが、「誰かと一緒に」記憶をするということです。

友達と一緒にやろうとするとダラダラしてしまったり、おしゃべりをしたりしてしまうことがあるので、次の方法で行うと効果が高いです。

①事前に終了時間を決める（1時間以内）

テキパキやるために事前に終了時間を決めておきます。記憶は脳に負荷がかかり非常に疲れるので、できれば1時間以内に終わることが望ましいです。

②ゲーム化し対戦形式にする

1時間ずっと記憶し続けるのは難しいので、「5回勝負」などの対戦形式にします。記憶→解答→採点すべて含めて、1回あたり10分程度で終わるようにするといいでしょう。

英単語で5回勝負をする例を挙げます。1回あたり「3分記憶・7分対戦」と時間制限を設けます。

まず、20個の単語を3分間で記憶します。3分経ったら、サッカーのPK戦ように、一問ずつ交互に1人あたり5問出題します。採点方法は次のページにまとめました。計10問やって、点数の多いほうが1回戦は勝利したことになります。これを5回戦まで繰り返し行い、勝敗を競います。

【採点方法のルール】

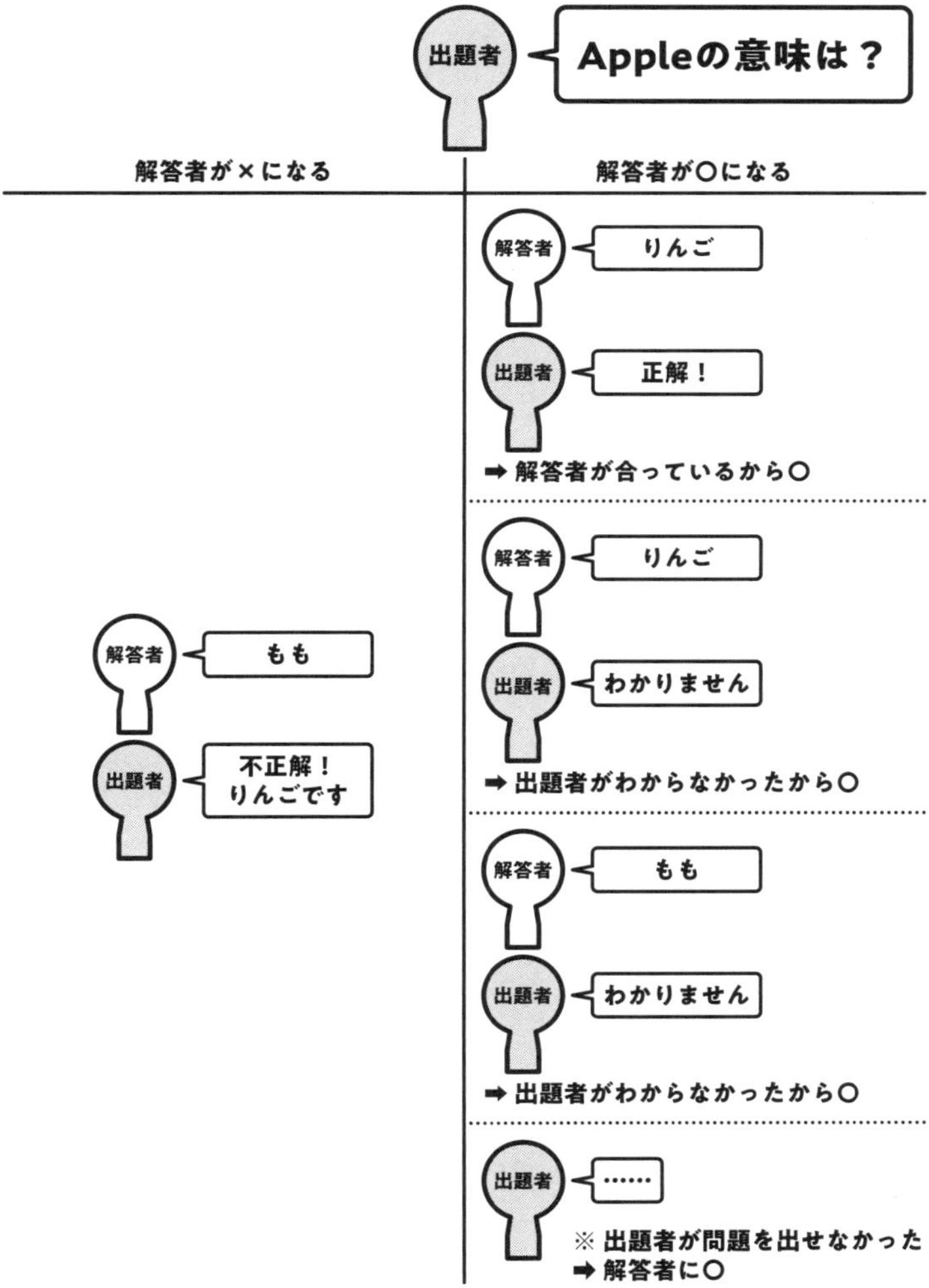
出題者
Appleの意味は？
解答者が×になる
解答者が○になる
解答者
りんご
出題者
正解！
➡ 解答者が合っているから○
解答者
りんご
出題者
わかりません
➡ 出題者がわからなかったから○
解答者
もも
出題者
わかりません
➡ 出題者がわからなかったから○
出題者
……
※ 出題者が問題を出せなかった
➡ 解答者に○
解答者
もも
出題者
不正解！
りんごです

短時間で集中して単語を記憶し、出題と解答でアウトプットすると、たった1時間で100個の英単語を記憶することが可能です。

英単語を例に挙げましたが、他の内容でもできるのでぜひ実践してみましょう。

③YouTuberと一緒に勉強する

誰かと一緒に勉強することが難しい場合は、YouTuberと一緒に勉強するとよいでしょう。

個人的には、河野玄斗さんやQuizKnockさんなど、受験やクイズの知的コンテンツを配信しているYouTuberがおすすめです。定期的にライブ配信をしていたり、動画としても公開している場合もあります。

POINT

誰かと一緒に勉強すると、楽しく効率的に進められる

Tips
48
勉強の記憶効率が良いのは「手書き」か「タイピング」か？

昔はノートに板書を写したり、メモをするということが一般的でしたが、近年では小中学校でタブレットが導入されたり、大学生や社会人はパソコンを持ち込んで授業や会議に参加したりしています。

２０２４年に発表された、ノルウェー科学技術大学で大学生を対象に行われた実験で、画面に出てきた文字をデジタルペンで手書きする場合とキーボード入力する場合、どちらが脳が活性化するかを調査しました。

その結果、**デジタルペンで手書きをしたときのほうが、記憶に関わる脳の部位やそれらを接続する部位が活性化している**ことがわかりました。デジタルペンではなく、紙にペンで書く場合でもほとんど同じ効果があると結論づけています。

また広島大学の研究チームによると、朗読の書き取りを、ノートにペンで書く場合とタブレットにデジタルペンで書く場合では、**タブレットに書くほうが書いた文字の確認や認識に注意が取られるため、紙に書くよりもストレスがかかる**ことがわかりました。

今後タブレットやデジタルペンの機能が改善されたら、アナログで書く場合との差はより縮まると考えられます。

これらの結果から、社内の議事録や業務中のちょっとしたメモなど、覚える必要のない内容は、早く正確に入力できるタイピングで行ってよいでしょう。

反対に漢字の読み書き、英単語のスペル、専門用語の暗記などには、できる限り手書きで、さらに紙とペンを使うのがおすすめです。特に漢字は部首の種類や点の数、文字の形など、英単語の場合は文字数や接頭語や接尾語などの細かいスペルを意識しながら書くことになるので、キーボード入力と手書きでその差は大きくなると考えられます。

POINT

しっかり覚えたい勉強は紙とペンを使って手書きで行う

Tips 49 語彙力を鍛える

みなさんは「母語」の語彙力に自信はありますか？

母語とは幼少期に家族など自分の周囲の人が話していて自然と身につく、頭の中で何かを考えるときに使う言語のことをいいます。この本を読んでいる人の多くは、おそらく日本語だと思います。

私の母語も日本語ですが、韓国語や英語を使って仕事をすることもあるので、韓国語や英語もそれなりに高いレベルで使えていると思っています。韓国語や英語を話すときは、脳がその言語のモードになっている感覚なので「英語↕日本語」や「韓国語↕日本語」というように変換を意識をすることはほとんどありません。複数の言語を話せても、考え事をするとき、特に深い思考をするときは日本語で行っています。

母語の語彙力に乏しいにもかかわらず、日本人の多くが「英語力」を高めるために一生

懸命勉強しているように感じます。大学入試の英文解釈などで日本語訳を見ても、何を言っているのかわからないという経験がある方もいるのではないでしょうか？

母語である日本語でわからないものは、英語でもわからないのは当然です。日本語で書けない文章は英語でも書くことができません。そのような中で語学学習をしても、なかなか力が上がらないので効率が悪くなってしまいます。

語彙力が高いと、語学学習が効率的になるだけでなく、記憶することが楽になるという大きなメリットがあります。その理由は、覚えることに対して自分の知識と関連づけ、体系立てて記憶できるようになるからです。

例えば、鯖《サバ》という漢字を覚えるときに、ほとんど漢字を読めない外国人よりも、漢字を読める日本人のほうが覚えるのが早いです。青魚である鯖を知っていて、へん（左側）が「魚」で、つくり（右側）が旧字体の「青（靑）」になっていることを理解してしまえば、ほぼ一瞬で記憶することができるからです。

このように**「知識」はそれだけで生きるのではなく、新しいものをインプットするときにも非常に役立つもの**なのです。

それでは、語彙力を鍛える具体的な方法を3つ紹介します。

①読書をして「知らない言葉」を調べる

本の中には多くの言葉が使用されています。著者によって、文章で使う表現は多様です。語彙力を鍛えるためには、本を読み「知らない言葉」を調べることに加えて、いろいろなジャンルのさまざまな著者の本を読むことをおすすめします。

読書中にその場で知らない語彙を調べることが重要ですが、もしいちいち調べることが手間だったらメモに残しておいて、ちょっとした合間にそれを調べるようにしましょう。1日3個覚えたとしても、1年経てば1000個ほど新しい言葉を覚えたことになります。

②漢字検定の勉強をする

漢字検定に興味がない方でも、漢字検定で出題される「漢字」は非常に勉強になることが多いです。特に「読み」を問われる漢字のほうが「書き」で問われる漢字よりも難しい傾向にあるので、読みの漢字を学習するとよいでしょう。

個人差はありますが、社会人の方は漢検2級以上で登場する漢字の読みに挑戦するといいトレーニングになると思います。「自分は語彙力に自信がない……」という方は3級くらいから始めてもいいと思います。

漢字を「読む」ことはできても、言葉の意味を「説明しよう」とすると意外と難しいものもあります。漢検3級以上の単語を例題として記載しますので、その熟語を読めるかどうかだけでなく、正確に意味を説明できるかチャレンジしてみてください。

1. 敢行（3級）
   読み：
   意味：
2. 篤志家（3級）
   読み：
   意味：
3. 彙報（2級）
   読み：
   意味：
4. 傲慢（2級）
   読み：
   意味：
5. 鼎談（準1級）
   読み：
   意味：

③文章で発信をする

語彙を増やすと、文章を読んだり人の話を聞いたりしたときに理解しやすくなります。

ただし、単語の意味を「理解」できても、それを「自分で使えるか」は別の話になります。**自分で自由自在に使用できるようになるには、自分で文章を書くことです。**

最もハードルが低いのがX（旧Twitter）です。気軽に短い文章を書くことができます。自分の思考を整理したり深めたりしながら、論理的に構造を組み立てて長い文章を書きたい場合は、ブログやnoteなどがおすすめです。

どのサービスも不特定多数の人に見てもらうことになるので、誰かを傷つけるような内容は書かないように注意しましょう。

POINT

母語の語彙力が上がると、他の言語の習得に役立つ

Tips
50
語彙が増えれば深い思考ができるようになる

前のTipsで語彙力が高いと、記憶することが楽になるというメリットがあるとお伝えしましたが、メリットはそれにとどまりません。

理解できる語彙が増えると、深い思考ができるようになります。意識的であるかどうかは別として、人間は物事を言葉で考える生き物です。**言葉を知らないと冷静に物事を捉えることができず、感情的になりがちです。**

私の前職の業務である絵本の読み聞かせで訪れたある保育園では、積み木を貸してほしいときに、力で奪う子や泣き叫んで訴えている子が多いのに対し、近隣の別の園では「Aくん、僕もお城作りたいからこの積み木貸して」と自分の気持ちをしっかりと相手に説明し、お互いに譲り合って遊んでいました。

同じくらいの年齢の子どもでも、園によって使う言葉が全然違ったのです。

家庭環境も要因の一つであると考えられますが、後者の保育園では、普段から絵本の読み聞かせやお話をすることを意識しているそうです。**小さな子どもでも、語彙力が高いと相手の気持ちを想像できたり、自分の気持ちを正確に相手に伝えることができたりする**と考えられます。

また、鏡をずっと見ていて「君は誰？」と心の中で問いかけると、自分が自分でなくなるような恐ろしい感覚に陥ったことはないでしょうか？ 私は幼少期にこの体験をしたことがあり、怖くて鏡を見ることができなくなったことがありました。

しかし、この感覚が心理学用語で「ゲシュタルト崩壊」ということを知り、さらに人間の認知機能の仕組みをある程度理解したとき、怖いものではなくなりました。

語彙が増えることは、その意味を体得することです。「怖い」という感情よりその一歩先、二歩先のことを考えられるようになります。

POINT

語彙が増え豊かな表現ができると、情報が正確に伝えられる上に深い思考で物事を捉えられる

Tips

51

メンタルを整えると記憶力が上がる

何かを頑張って暗記しようとするとき、あまり「今」のメンタルの状態を気にする人は少ないのではないでしょうか？

他のTipsでもお伝えしましたが、心と頭はかなり強く結びついているので、**大きなストレスを抱えた状態では記憶力が大きく低下してしまう**のです。

私はメモリースポーツの試合にたくさん出場してきましたが、強い緊張感に包まれる優勝がかかった場面や、ミスした直後などで落ち込んでいるときにうまく気持ちを切り替えられず、失敗をしたという経験が何度もあります。

メンタルをうまくコントロールすれば、覚えられる量を増やせます。ここからは、メンタルの状態が良くないときに「少しでも改善させる方法」を紹介するので、ぜひ取り入れてみてください。イライラすることや不安になること、悲しいことがあって、メンタルが

不安定なときにはこのページに戻って、気持ちを一度落ち着けてから記憶に入ってほしいと思います。

①深呼吸

最も簡単にかつ短い時間でメンタルを安定させる方法は、「深呼吸」をすることです。深呼吸のやり方はいろいろありますが、**鼻で吸って、口から長い時間をかけて息を吐くことが基本**です。このポイントを押さえていれば、秒数などは自由で構いません。深呼吸を5回ほど行うと、かなり気持ちが落ち着きます。気持ちが少しスッとした感じがすればよいでしょう。

②ストレッチをする

深呼吸よりはスペースや時間がかかりますが、全身のストレッチをしてから記憶に入るのも効果的です。何かを覚えるときは座った状態が多いので、腰や肩、首を痛めがちです。各部位のストレッチをして筋肉をほぐしたり、足のストレッチでむくみを取ってから記憶に入るとよいでしょう。

③環境を整える

メンタルが不安定なときは、部屋や机の上が散らかっていることが多いです。心の状態は自分の身の回りに出やすいので、自分の周りから整えることが重要です。

「自分の周り」は作業場所（部屋）だけではありません。周囲がガヤガヤしていてうるさい場合は、静かなカフェや図書館、ワークスペースなどに場所を移すのも集中力が上がり、効果的です。

④気分転換をする

嫌なことがあると、心の中がモヤモヤすると思います。そんなときはいっそのこと覚えるのはやめて、気分転換をするのもアリです！

ぜひ好きなものを食べたり、好きなことをやったりして時間を過ごしてください。特に、チョコレートやアイスクリームなどの甘いものは脳にエネルギーを与えてくれますし、散歩などの軽い運動は頭の中を整理するのに有効なのでおすすめです。

私はサウナ好きなので気分転換にサウナに入ったり、体が元気なときは筋トレをしたりしています。

⑤きっぱりやめる

本当に心の状態が悪いときは、無理に覚える必要はありません。体の痛みには敏感ですが、心の状態は見落としがちなもの。無理はせず、しっかりと体を休めてください。睡眠を取ったり、栄養のある食事をしたりしましょう。眠くなくても目を瞑って横になるだけでもかなりの疲労回復の効果があります。心と体はつながっているので、休むときは潔く休んだほうが長い目で見て良いことも多いです。

今回は比較的簡単にできることや症状が軽い順にお伝えしましたが、自分の状態に合わせて取り入れてみるとよいでしょう。

POINT

メンタルを安定させると覚える量を増やせる。心の状態が悪いときは休むことを優先する

Tips

52

イラスト化して覚える

覚える内容によりますが、文字情報として覚えるより、イラストや図にしたほうが簡単に記憶できるものがあります。

- イラスト化したほうがいいもの……難読漢字、歴史の出来事など

文字の情報では想像しにくいものは、ビジュアルのほうが印象に残りやすいです。

- 図示したほうがいいもの……生物の細胞、家系図など

構造として見たほうがイメージしやすいものは図にしましょう。覚えるために同じ内容の図を何度も描いてみることが重要です。

覚えるものがたくさんあると、最初は戸惑ってうまく描けないかもしれません。ところが、何度も書いていると、自分の中で描き順のようなものも決まってきて、「この用語は

POINT

イラストや図をスムーズに書けるようになったら、テストのときでもスルスル思い出せる

毎回この位置に登場するな」となんとなくわかるようになり、スムーズに描けるようになってきます。

そのようになると、ほぼ覚えたも同然。テストなどの際に「紙の中のあのあたりにあったな」と頭の中に浮かび、関連するものまでスルスルと出てくるようになります。とても気持ちよく解答できるのでぜひ取り入れてみてください。

Tips
53
忘れられない記憶を忘れる方法

多くの人の前で失敗をして恥をかいた経験、恋人にフラれた悲しい経験など、人には「早く忘れたい記憶」があると思います。

このTipsでは、覚える話ではなく忘れる方法をお伝えします。

まず人間の「記憶」は、基本的に時間が経てば経つほど薄れていくものです。

受験勉強で一生懸命覚えた用語であっても、1年も経過するとかなり忘れていると思います。**内容の良し悪しは関係なく、時間が経てば人間は忘れてしまう**のです。ですので、まずは時間が経つのを待ちましょう。

このときに一番やってはいけないことは、その悲しいことを考えたり、思い出したりすることです。

例えば、大好きな恋人にフラれたとき。相手との楽しい思い出や一緒に過ごした日々の

ことを考えてはいけません。実際の思い出よりも美化されてしまい、さらに強く記憶に残る可能性があります。

特に感情が入る分、記憶は濃くなりますし、ネガティブな感情で心が満たされてしまいます。前向きに生きることすら難しくなり、これから先の未来もうまくいきにくくなってしまうのです。

忘れたい記憶がどうしても頭に浮かんでしまうときは、仕事をたくさん入れるなど、**他のことに集中して時間を埋める**ようにしましょう。自分の好きな趣味に没頭したり、友達と過ごすのも良いと思います。

それでもうまくいかないときは、**記憶を上書きする**のも手です。大好きだった恋人と訪れて楽しかった旅先を、親友や家族と一緒に行ってもっと楽しい思い出として上書きをするのです。もし良い出会いがあったならば、新しい恋人と行くのもよいでしょう。複数回行くとさらに効果的です。

何度も「上書き」すると、記憶が薄れる

人間の記憶は、誰とどこに行ったなど「場所」に強く結びついています。

一度しか行ったことがないのに、印象的な場所はかなり昔のことでも比較的よく覚えて

いたりしませんか？　しかし、**思い出深い場所でも、何度もいろいろな形で訪れると記憶が曖昧になる**ものです。

小学生や中学生時代、うれしいことも嫌なこともたくさんあったはずです。「確かにあった」ことなのに、毎日通っているとそれ以上の多くの情報にかき消され、細かい記憶が消えてしまうのです。今となっては、ほとんど思い出せなくなっていると思います。

今すぐには忘れられなくても、その場所での楽しい思い出が増えれば、きっといつか「好きな場所」になるでしょう。

とはいえ、どうしても心が耐えられないときは、１日限定で思いっきり泣いたり、信頼できる友達や家族などに話を聞いてもらうのもよいでしょう。

この時大切なのは、ダラダラと引きずらないことです。溜まったストレスは早めに吐き出して、切り替えるようにしましょう。

POINT

記憶は時間が経てば忘れるもの。他のことに集中するか上書きすると早く忘れられる

Tips 54

記憶力が良い人になる方法

記憶力が良い人というと、どのような人を思い浮かべますか。以前一度だけしか会っていないのに、ちゃんと自分の名前を覚えていてくれた人？　人との会話をしっかり覚えている人でしょうか？

そのような人たちは特別な才能があるのでしょうか？　——答えは「ノー」です。実はちょっとした工夫で記憶力を高めることができるので、一つでも取り入れて記憶力の良い人を目指しましょう。

①記憶力に自信を持つ

記憶力の良い人の一番重要な条件として「自分は記憶力が良いのだ」と自信を持っていることです。

他のことに置き換えて考えてみてください。

プロサッカー選手が「自分は下手くそだ」と思っているでしょうか？

一流の料理人が「自分は料理が下手だ」と思っているでしょうか？

インタビューなどで謙虚に振る舞っていたり、上を目指していて〝自分はまだまだ〟とは思っていたりするかもしれませんが、心から下手だとは思っていないはずです。

記憶力に関しても同様で、**まずは「自分はできるんだ！」と思うことが重要**です。

どうしてもそのように思えない方は、過去に満点を取った小テストのことなど、ほんの些細なことで構わないので、記憶に関する成功体験を思い出してみましょう。

②日常的に記憶することが習慣化している

記憶力が良い人は、日常的に何かしら記憶をしている人です。反対に記憶力が良くない人は、何かを覚える習慣のない人が多いです。

自分の取得したい資格試験に挑戦するために用語を暗記している、営業の仕事をしているために取引先の担当者のプロフィールを記憶しているなど、**自分の実生活に必要な何かを覚えたり、頭を使う習慣があったりするとよいでしょう**。

Tips 40でもお伝えしましたが、自分の好きなものを1日10個記憶してみると、記憶することに慣れるので頭が疲れにくくなりますし、覚える効率も上がります。それにより覚えることに対しての抵抗がなくなり、どんどん覚えられるようになるという「良いスパイラル」に入ります。

みなさんの周りにいろいろな言葉を知っていたり、社会問題や身の回りの科学現象について詳しかったりする「博士」のような人はいませんか？

博識な人とそうでない人も、生まれたときには差がありません。その後の人生の過ごし方によって差がつくのです。その一番大きい要因としていわれているのが、物事に対して興味を持つかどうかです。

好奇心旺盛でさまざまなことに「なぜだろう？」と疑問を持つ習慣があると、気になったことを自分で調べるようになります。調べるとそれが知識になります。

「好奇心」は、測ることのできない非認知能力といわれており、幼少期に形成される重要な力の一つです。幼少期にさまざまなものに触れたり、いろいろな経験をしたりすることによって養われます。

③知識が豊富である

好奇心旺盛で日常的に何かを調べたり覚えたりする習慣があると、そこで得た知識が蓄積されます。知識が増えると、新しく知ったものと既知の知識とをリンクさせて理解することができるので、覚えること自体が早くなり、記憶の定着も早くなります。

①〜③は単独で存在するのではなく、どれも強くリンクしています。どれか一つを取り入れるだけでも、記憶力の高まりを感じられるでしょう。

記憶力を良くしたい人は、記憶力が良い人の真似をすることが重要です。ぜひ今日から「記憶力が良い人」になりましょう。

POINT

記憶に自信を持つこと、すぐ調べたり覚えたりする習慣を持つこと、覚えた知識を生かして理解すると、記憶力が良くなる

Mnemonic Methods

第 4 章

記憶の戦略

Tips
55 → 66

Tips

55

試験範囲と「覚える総量」を知る

みなさんは試験に向けて用語や単語などを記憶するとき、いきなり暗記から入っていませんか?

実は記憶のプロフェッショナルであるメモリーアスリートは、いきなり暗記を始めることはありません。**ゴールである状態を見てから、そこまで到達するプロセス(過程)を考えます。**

イメージしづらい人は「海外に旅行するとき」を考えてみましょう。

まずは第一のゴールである、目的地のホテルにチェックインすることを考えます。

次にホテルへ着くための過程を考えます。自宅から空港までのルートはどうするか。空港まで電車で行く場合は、乗り換え方法なども下調べする必要がありますね。空港に着いたらどこで搭乗手続きをするのか、無事飛行機に乗れたとして、降りたあとは海外でどの

POINT

いきなり記憶しようとせず、まず覚える総量を把握すること

中学歴史　もくじ

		自分の実力	キーワード数
本書の特徴	2		
第1章　古代	9		
①人類の出現	10	70%	10語
②牧畜の始まり	12	50%	18語

書き込む

ようにして宿泊するホテルに向かうのかなど、綿密に計画すると思います。

用語や単語を覚えるときも、やり方は全く同じなのです。まずはゴールにあたる「試験範囲を知ること」が重要です。次に内容（見出し・単元）別に、具体的に覚える必要がある用語（キーワード）の数や自分の理解度などを把握します。

教科書や参考書の目次に、キーワード数と自分の理解度を書き込むのがおすすめです（上図参照）。

Tips
56
覚える総量から「1日あたりの記憶する分量」を決める

本の1〜30ページが試験範囲だとしましょう。

目次を見て、難しそうな箇所、自分がよくわかっていない箇所は、記憶するための時間を長めに取ったほうがよさそうですね。反対に、得意分野や既知の範囲は短くてよいかもしれません。自分の力を踏まえて計画を立ててみましょう。

この時に「具体的な分量」や「それぞれの範囲にかける時間」を書き出してみることが重要です。

覚える必要のあるキーワードが１２０語ある場合、70％理解していても残り30％にあたる36語を覚えなくてはいけません。反対に20％しか理解していない応用的な部分でも、キーワードの総数が30語しかなければ、覚えるべきキーワードは24語で済みます。覚えるキーワードの数から、記憶するスケジュールを立てましょう。

POINT

覚える総量と理解度がわかれば、必要な勉強量もわかる

もちろんどの試験や科目も暗記のみで対処できるわけではないですし、出題頻度によってはすべての内容に対して「習熟度100%」を目指す必要はないのかもしれません。

自分の実力との兼ね合いもあるので難しいですが、自分の目指すゴールに対してできる限り解像度を高めて学習や暗記を始めることが重要です。

Tips

57

セットをこなして記憶する

Tips 56で覚える総量から「1日あたりの記憶する分量」を決めるという話をしましたが、ここでは「一日の中でどのように記憶していくか」という話をします。

試験範囲内の内容を教科書や参考書をしっかりと理解をしたいとき、重要だと思われる用語にチェックをつけると思います。鉛筆で丸をつけたり、マーカーを引いたりするのもいいでしょう。その際は、**文章ではなく、できる限り「用語」単位で抜き出してください。**

その「用語」を記憶していくのです。

1セット＝記憶5分＋解答5分＋復習10分

用語の記憶は、できるだけ短い時間で区切ってインターバルトレーニングのようにして記憶することが重要です。

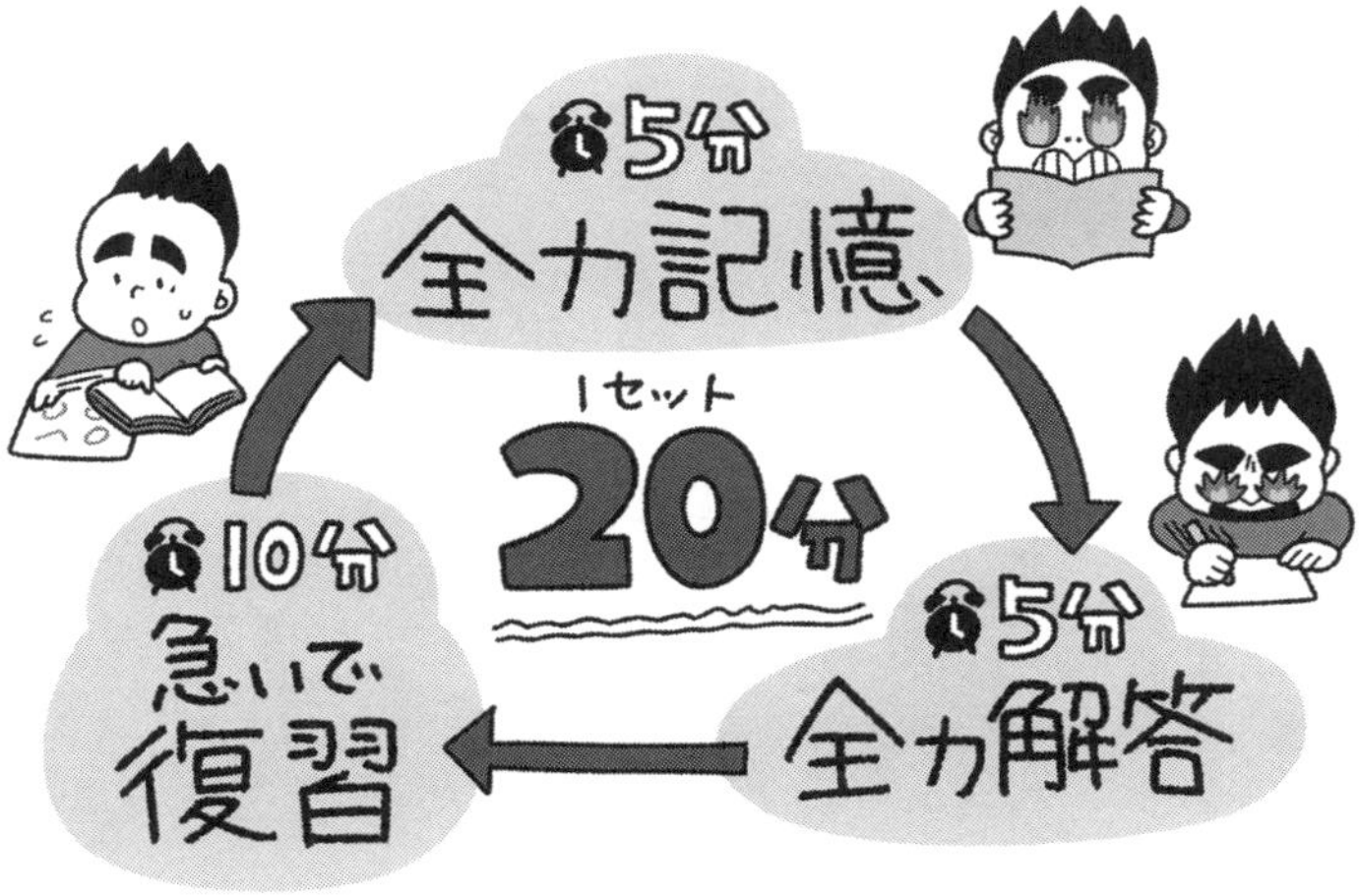

記憶時間は5分で5つ、覚えたものを思い出す解答時間も同じ5分程度がよいでしょう。慣れたら5分で10個などと、覚える数を増やしましょう。タイマーを使って時間を徹底的に管理します。とにかくスピーディーにやることが重要です。絶対にダラダラやってはいけません。

解答時間の5分で、今覚えた用語を書き出します。このときに重要なのが、その**用語の意味や説明を文章として書き出す**ことです。歴史の用語なら前後の流れ、英単語なら例文や類義語などです。教科書をしっかりと理解をしていれば、スラスラと出てくるはずです。

解答時間も5分しかないので、できるだ

けスピーディーにやるようにしましょう。試験中にゆっくりと時間をかけて思い出す余裕はないので、あえて時間を厳しめに設定しています。

５分経ったら、解答に時間がかかったところを復習していきます。解答できなかった箇所があれば、この復習時間に確認をするのでも構いません。復習はおおよそ10分もあれば終わると思います。

この20分を「1セット」として、何回も繰り返していきます。

１セットやるだけでも、全力で記憶し、全力で解答し、全力で復習をするので相当疲れます。連続して行うのは、３セット（計60分間）が限度だと思います。

個人的には、一日の中で朝、昼、夜などと分けて行うと集中力が続くのでおすすめです。「朝やったことを夜もう一度やる」など、できなかった同じ内容を再度やると良い復習になるので、一度試してみてくださいね。

POINT

超集中して全力記憶5分、全力解答5分、全力復習10分を繰り返す

Tips 58
問題は「○・△・×」をつけて「○」が勝ち越すまでやる

問題を解くとき、一度できたからといって「完璧にできた」と過信してはいけません。

特に「複数回間違えたことがあるもの」は、まだ完璧に身についていない場合や、自分にとって苦手なものである可能性が高いです。一度はできても、時間が経つとまたできなくなる可能性が高いともいえます。

試験で、自分の忘れたころに〝あの用語〟が再登場してうまく解答することができず、「答えられたはずなのに！」と悔しい思いをしたことがある人も多いのではないでしょうか？

では、どのくらい復習すれば「覚えた」と自信がつく状態になるのでしょうか。

私がおすすめする方法は、「**勝ち越し勉強法**」です。

この勉強法は、かなりシンプル。**自分の間違えた回数より多く正解するまで、何度も解**

き直すというものです。英単語や歴史の記憶、数学の計算問題から文章問題まで、あらゆる勉強に使えます。

勝ち越し勉強法

問題を解くたびに、日付と「○・△・×」を問題の横に書き込みます。

勝敗の基準は、完璧に解答できたら「○」（勝ち）、解答できなかったら「×」（負け）です。基本的に「○」と「×」だけでいいのですが、かなり惜しいところまでできたが微妙に間違えてしまったというときは「△」（引き分け）とします。

「○」の数が「×」を上回るまで問題を解き直します。

例えば、1回目が「×」で2回目に「○」になっても、3回目が「×」だったら「×○×○○」（3勝2敗）になるまで復習を続けます。「△」のときは、勝ちにも負けにもカウントする必要はありません。

「×」「△」の問題は翌日に復習してください。「○」がついた問題の復習は直後にやるのではなく、3日ほど空けてから行うとよいでしょう。

何度もやっていると、答えを覚えてしまいます。**答えを覚えていてもいいので、とにかく勝ち越すまでやりましょう。**

例えば、上記のイラストの場合、△はカウントしないので「1勝1敗」の状態です。○が勝ち越すまで、問題に挑戦し続ける必要があります。「三種の神器とは何か?」という問題なら、次のような基準で「○・△・×」とします。

●「○」の解答例
1950年代に普及した白黒テレビ、洗濯機、冷蔵庫の3つの電化製品のことである。

●「△」の解答例
戦後すぐに普及した白黒テレビ、洗濯機、冷蔵庫の3つの電化製品のことである。
(△の理由)普及したのは戦後10年ほ

ど経過しているため

●「×」の解答例

カラーテレビ、クーラー、自動車の3つの電化製品のことである。

（×の理由）これらは「3C」または「新三種の神器」と呼ばれるものであるため

一問一答形式ではない数学や国語、英語の長文読解や論述などは、答えまで辿り着く「プロセス」が大切なので、そこを意識できるとよいでしょう。

負け越しが続いている問題は3日連続でやってみる

歴史の一問一答や、答えを暗記してしまえばすぐに点数に結びつくような内容は、間違えたものを翌日に復習すればすぐにできるようになることが多いです。

しかし、数学や理科といった計算や化学反応式などが伴う問題、論理的に順序立てて説明する必要がある論述系の問題などは、身につけるのも一筋縄ではいきません。こういった問題は、解答を一度見ただけでスラスラとできるようになるわけではないからです。

また、「×」が連日続く問題も、身につけるのに苦労しているといえるでしょう。

このような〝**重い**〟**問題は、短いスパンで繰り返す**ことが重要です。1週間おきにやっていては何カ月たってもできるようにはならないので、間違えた翌日に解き、さらにその翌日も解いてみるといいです。

特に身につきにくいと感じた問題は、「3日連続」で繰り返しやってみましょう。3日連続でやれば、大抵の問題はできるようになります。

これは身につけるのが大変そうだと思った問題は、根気強く繰り返し取り組んでみてください。

POINT

「勝ち越し勉強法」で苦手な問題を何度も解き直す

Tips 59

初日は精度低く大量に

学生向けの講演会などでよく受ける質問の一つに「英単語の効率的な覚え方を教えてください」というものがあります。

よく話を聞いてみると、学校や塾で出される宿題として「1週間で数百単語を覚えてくる」というものがあり、序盤で覚えた単語も後半までいくころにはすっかり忘れてしまい、自分の記憶力に毎回失望をするというものでした。

かく言う私も、記憶術やメモリースポーツを始める前の高校受験や大学受験の英単語記憶では非常に苦労しました。この経験から大学院では記憶術を用いた英単語記憶の研究を行い、修士論文を書き上げました。

実際に記憶術を使っても一度覚えただけで復習なしでは、長期間覚えておくことは非常に厳しいです。そのため、**復習ありきで計画を立てる**必要があります。

【1週間で300個の英単語を覚えるスケジュール】

日数	インプット	復習1回目	復習2回目	復習3回目
1日目	1〜150			
2日目	151〜200	1〜150		
3日目	201〜250	151〜200	1〜150	
4日目	251〜300	201〜250	151〜200	
5日目		251〜300	201〜250	
6日目			251〜300	
7日目				1〜300

一例として「1週間で300個の英単語を覚えなくてはならない」という状況だったとしましょう。

上記は覚えるスケジュールの例です。インプット1回に対して復習（アウトプット）を3回しています。

1回で覚えようとするのではなく、**定着率は低くてもよいので、「一度は覚えた」という状態を300単語すべてに行うこと**です。早い段階でインプットを終えると、すべての英単語に対して「見たことある（再認記憶）」という状態を最低限作れます。

一番大変なのは英単語を150個覚える初日と、150個を復習しつつ新たに50個覚える2日目でしょう。しかしその後はどんどん楽になります。このスケジュールでは４日目にはインプットの作業がすべて完了します。

復習では、一度覚えた内容を覚えているかの確認と、覚えられていないものを覚え直します。３回目の復習で覚えられていないものはほとんどないでしょうし、７日目は簡単な復習だけでほぼ思い出せるでしょう。

もちろん復習を４回以上すると記憶はより強固になります。定着が悪いと感じる場合は、さらに復習することをおすすめします。

このとき良くない計画の立て方は、３００個を７日間で割って１日平均40～50個程度覚えれば大丈夫だと判断してしまうことです。この方法でやってしまうと、復習による記憶の定着がされないので、私が学生から受ける質問のように自分の記憶力に失望をし、課題の結果もひどいものになってしまうことでしょう。

POINT

復習の回数を３回以上できるように、覚えるスケジュールを組む

Tips 60

2日連続でできなかったものは「強敵！」だと思いながら記憶する

2回復習してもうまく思い出せないものがあると思います。それは**自分にとって苦手なものである可能性が非常に高い**です。テストでも間違える可能性が一番高い単語でしょう。学校や会社で苦手な人と接する必要があるとき、地雷を踏まないようにかなり神経を使って話をしませんか？

英単語も同様で、かなり神経を使って覚える必要があります。その第一歩が「強敵！」だと意識すること。その英単語が出てきたら、脳内で警報を鳴らすイメージです。強敵に時間をかけるほど力は伸びやすくなるので、「絶対に覚えてやる！」と意識して、語呂合わせなど複数のアプローチで頭に叩き込みましょう。

POINT

苦手な問題には注意を払い、時間をかけて丁寧に覚える

Tips 61

記憶するときはタイマーを使い、短い時間を繰り返す

本書のTips内でもところどころ記憶をするときに「時間を計る」という話をしていますが、今回は改めて時間を計る効果について言及したいと思います。

勉強は、時間をかけて深い思考をする必要がある場合があります。過去問など、時間配分や試験本番の感覚をつかむための勉強をするときは、比較的長めの時間を計る場合もあるでしょう。

しかし**記憶をするときは、できる限り「タイマー」を使って短い時間でやることをおすすめします。**

その理由は、記憶はダラダラと長い時間をかけて行うものではないからです。

記憶する際は、勉強するときと比べて、より集中して目の前の内容を深く脳に刻み込むという作業をしなくてはいけません。感覚的な表現ですが、「水に潜る」のと同じように

英単語に対して潜ったり、歴史の年号に対して潜ったりする必要があります。覚えたい内容に対して、深く没頭して能動的にやらないと、時間ばかりが経過して頭に入らないのです。

また、人間は時間が長くあると思うと、どうしてもサボろうとしてしまうもの。最大限努力しようとしても、マラソンのように体力を温存しながらゆっくりとしたペースで覚えようとします。**時間をかければ、それだけ集中力も削がれるので、結果的に覚えきれない**のです。

覚えられたらいいので、時間の問題ではありません。それでも、もし「1時間」で覚える必要があるならば、1時間通して一度に行うよりも、「5分間を12回」のように1回あたりの記憶する時間を短くして繰り返すほうがはるかに効率的です。あまり長いと集中力が切れるので、**1回あたりの時間は最大でも10分以内**に設定してください。

スマホのタイマーでも機能としては問題ありませんが、個人的には100円ショップにも売っている「キッチンタイマー」を使うことをおすすめします。スマホのタイマーを使うと、どうしても操作するときにメッセージやSNSなどが気になってしまうからです。またキッチンタイマーは安価でサイズが小さく持ち運びしやすいだけでなく、**文字盤やボタンも大きく見やすく無駄な機能がないので、覚えることだけに集中できます**。うまくタイマーを使って記憶するようにしましょう。

自宅以外で勉強するときはランプの点滅で知らせる無音タイマーの使用がおすすめです。

POINT

記憶するときはタイマーで時間を計って、短時間で集中して行う

Tips 62

どうしてもやる気が出ないときは？

勉強をしなくてはならないけど、やる気が出ない……。

そんなときにおすすめの方法が「5秒&1分」ルールです。「5秒」数え終えるまでに、すぐに椅子に座って「1分間」だけ勉強したり暗記をしたりするという方法です。

ルールは2つだけ。

一つは、**5秒以内に必ず始める**ことです。「5・4・3……」と声に出すとよいでしょう。周囲に人がいて声を出すと迷惑がかかる場合は、心の中で言うのでも構いません。

もう一つは、**5秒数えたら1分だけ我慢してやる**ということです。1分間やってみてしんどい場合は、もうやめてしまっても構いません。もし続けられそうだったり、1分経ったことに気づかず続いていたときは、そのままやれるところまでやってみましょう。

個人的な感覚ですが、意外とこの方法はバカにならず、「気づいたら30分継続してい

POINT

やる気が出なくても「1分間」だけやってみる

た」なんていうことはよくあります。本当に1分でやめてしまうということは10回に1回程度です。

たった数分しかできなくても、やりたくないときやしんどいときに「できるか」「できないか」の積み重ねの差は、長い目で見るとかなり大きなものになります。

本当にきついときは、この「5秒&1分」ルールを実践してみるとよいでしょう。

Tips 63 宿題は出すよりも選ばせたほうが効果は高い

玉川大学の村山航氏が２０１３年に、ストップウォッチを５秒に近いタイムで止められるかどうかという誰もが一度はやったことのある面白い実験を行いました。

このときに、使うストップウォッチを「被験者に選ばせた場合」と「実験者側で決めて与えた場合」では、被験者が自らストップウォッチを選んだほうが成績が良かっただけでなく、失敗しても気分が良かったというものです。

自分で使用するものを選んだほうが、失敗は悪いものではなく、成功の要因となるというポジティブな意味だと脳が感じるということや、**使う道具を選んだことでやる気が増し、積極的に取り組んだ**ため成績が向上したと考えられるでしょう。

これは勉強にも応用できるかもしれません。

英単語のテストをやるときに先生が「小テストをするので、今週は１～１００番の英単語を覚えてきてください。そしてその来週は101〜200番を覚えましょう」と言って生徒たちに覚えさせるよりも、生徒に「1〜100番と101〜200番の範囲、どっちを今週やる？」と聞き生徒自身に選ばせたほうが、成績が上がる可能性があります。

これは自分自身にも効果があります。

勉強で使うシャーペンや消しゴムなどの文房具を親に選んでもらったり買ってもらうよりも、一式を自分で揃えたほうがよいでしょう。

また各家庭の金銭事情などもあるので、自分で勝手に決めることは難しいかもしれませんが、受験のために通う塾や予備校も親ではなく「自分」主体で選ぶほうが、モチベーションが上がり成績アップにつながるでしょう。悪い成績を取ったとしても、その後も前向きに勉強に取り組み続けられると思います。

POINT

他人にも自分にもこの方法を取り入れると、記憶力・成績アップに役立つ

Tips 64 目新しい体験をした前後に記憶すると記憶力が高まる

みなさんは、3日前に食べた夕飯を思い出すことはできますか？毎日の生活の中で行われる「夕飯に何を食べたか？」などの記憶は、一時的には覚えていますが、数日もするとすぐに忘れてしまいます。しかし、「夕飯を食べにレストランに出かけたときに有名人に会った」など普段遭遇しないような目新しい体験をすると、その前後の記憶は通常の記憶よりも強く残ることがわかっています。

これは特に、**人に何かを覚えさせたいときに効果を発揮します**。見たことのないような不思議な映像を見せたり、誰も経験のない謎のダンスを踊ったりした後に記憶の課題をやらせると、生徒たちは普通に覚えるよりも記憶力が高まるかもしれません。

POINT

珍しい体験の前後の内容は記憶に強く残りやすい

Tips
65

勉強をわざと途中でやめることで記憶力がアップする

心理学用語で「ツァイガルニク効果」というものがあります。リトアニアの心理学者であるツァイガルニク氏が行った実験により、「ある目的が達成されず途中までのものの記憶は、完了したものの記憶よりも思い出しやすい」ということがわかりました。

ＮＨＫの朝の連続テレビ小説や昼ドラなどで「良いところ」で終わってしまうと、その先が気になって翌日も見たという経験がある人は多いのではないでしょうか。

バラエティ番組が良い場面でＣＭに切り替わるのも、この効果をうまく利用した例と言ってよいでしょう。

これを勉強に応用します。

英単語１００個を覚えなくてはいけないという宿題があった場合、あえて「90個」で留めておくと、90個分の記憶は１００個やりきったときよりも思い出しやすくなります。

また「残りの10個についてもやらなくては」という意識を持つことができます。別のタイミングで10個を追加で覚えるだけでなく、前に覚えた90個についても復習する時間が取れる効果も期待できるのです。

ツァイガルニク効果はさまざまな理由が考えられますが、**中途半端な状態でやめたほうが「あとでやらなくてはいけない」という気持ちや印象が残ります**。

そうすると、あとでやらなくてはいけないことを覚えていなくてはならず、記憶に残りやすいのではないかといわれています。

ただ反対にそれがストレスにもなることもあるので、この方法を多用するとストレスになって集中できなかったり、たくさんのことをやらなくてはならずモチベーションが下がったりする場合もあるので注意が必要です。

POINT

あえてすべてやり終えないことで、記憶や印象に残りやすくなる

Tips
66
暗記は隙間時間にやるもの

記憶は寝ている間（午後10時〜午前2時ごろ）に整理され長期記憶化されるといわれているので、暗記は「寝る直前」が適しています。

夜に覚えた内容の定着度は、朝起きてすぐやると確認ができますし、できなくても内容を覚え直すことで復習になり、さらに長期記憶化しやすくなるという仕組みです。

寝る前にやるだけだと十分に時間が取れない場合は、**他の細かい隙間時間を使って覚える**のも大切です。集中が続く時間も長くないので、一日の中の「ごく短い時間」をかき集めて記憶するのです。

電車やバスでの移動中、エレベーターの待ち時間、トイレの個室の中、レストランで注文した後の待ち時間……など、細かく洗い出すとたくさんの隙間時間があります。人にもよりますが、**一日の隙間時間の平均は1時間〜1時間半**といわれています。

その隙間時間のうち、意識すれば「30分」は何かを覚えることに使えるはずです。特に腰を据えて暗記することがつらいと感じる人は、数十秒の隙間時間も無駄にしないようにしましょう。

記憶には、知らない知識を入れるフェーズ（インプット段階）と、覚えたものを覚えられたか確認をするフェーズ（アウトプット段階）があります。インプットよりアウトプットのほうが時間を要するので、**数十秒程度しか時間が取れないときは、できる限り徹底的にインプットしましょう**。これは、短時間でアウトプットしようとして、答えを思い出せないと〝気持ち悪い〟状態になりますし、その答えを調べるのにも時間がかかってしまうためです。

5分以上時間が取れる、比較的落ち着いて取り組めるときは、短い時間でインプットしたものをアウトプットして、覚えられたかどうかまで確認することをおすすめします。

隙間時間を活用するだけでなく、隙間時間がより短いときにインプット、比較的余裕があるときはアウトプットと、時間を使い分けられるといいでしょう。

POINT

数十秒でも時間が取れるなら「インプット」に充てる

Mnemonic Methods

第5章

身につけたら何にでも使える記憶術

Tips

67 → 75

Tips 67

記憶の基礎力を高めて記憶力を高める ①イメージ化

記憶力の良さは「生まれつき」「頭が良いから」と思われがちですが、実は正しい方法で一定量練習をすれば誰でも力を伸ばすことが可能です。

記憶術の初歩的な練習が「イメージ化」です。**イメージ化とは、覚えたいものを文字や音などで捉えるのではなく、イメージとして捉える**ことです。

一番わかりやすい例で説明します。

突然ですが、「りんご」という文字を見て何を感じますか？　ほとんどの人は「りんご」という文字を見ても、「『りんご』と書いてあるな」と捉えるでしょう。

「りんごをイメージしてください」と言われたら、「赤いりんご」や「カットされたウサギりんご」をイメージするかもしれません。

どれも正解ではあるのですが「甘酸っぱい良い香り」がしたり、「大きいサイズ」だっ

たり、より解像度を高めてイメージできるとよいでしょう。

なかなか最初はうまくできませんが、意識的に練習すると早くより解像度高くイメージできるようになるので、継続して練習するようにしてみましょう。

トップレベルのメモリーアスリートの多くは普段からイメージ化をする訓練をしています。文章を読んだり、人の話を聞いたりしてイメージをする癖がついているので、難しい文章をしっかりと理解しながら読むことができたり、人の話を聞いても理解度が高い人が多いです。

そのためメモリーアスリートには読書が趣味であったり、難しい専門用語が用いられる学術論文を情報収集のために読んだりしている人も珍しくありません。特に、**イメージ化することで読書が得意になると「情報収集力」が大幅に上がる**ので、仕事をする上での能力が高まったと感じるという人も多いのです。

私自身も記憶術やメモリースポーツを始めてから読書が早くなったり、理解度が高まったりして能力が上がったと実感しています。

「読書は苦手」という方でも、雑誌や新聞を読んだり、ラジオを聴いたりするなど生活の中にも練習材料があるので、比較的容易にトレーニングできます。

一番簡単に身につけることのできる技術ですし、記憶力を高めるだけでなく副次的に得られる効果も非常に大きいので、文章や人の話を聞くときは「イメージ」をする癖をつけるようにしましょう。

POINT

覚えたいものを文字や音ではなく、解像度の高い「イメージ」で捉える

Tips 68
記憶の基礎力を高めて記憶力を高める ②ストーリー法

Tips 67の「イメージ化」と合わせて、簡単にできる記憶法の一つに「ストーリー法」があります。ストーリー法とは、**覚えたいものを使ってお話を作って記憶する**という技術です。

例えば、次の5つの単語を覚えなくてはいけないとします。

犬　魚　かばん　本棚　学校

多くの方が5つの単語を繰り返し声に出したり、何度も書いたりして覚えようとします。画像やイラストを思い浮かべて記憶する人もいるかもしれません。しかしどの方法もあまり効果的ではありません。

この場合はTips 19の「処理水準効果」でもお伝えしましたが、形（画像）や音で覚えるよりも「意味」で覚えたほうが記憶に残りやすいです。

一見バラバラで関連性のない5つの単語をどうやって意味づけして記憶をしていくのか。そこで、本Tipsのテーマである「ストーリー」を作って記憶をしていくわけです。

まずは1つ目の単語である「犬」から「学校」まで順番に単語を使って架空のお話を作ります。架空のお話は、**「犬が魚をくわえてかばんの中に入れて本棚にしまい学校に登校した」**という感じです。

初めはストーリーを作るほうが手間に感じたり、情報量が多くなったりして、覚えにくいと感じるかもしれませんが、慣れれば数秒でお話を作れるようになります。

ストーリーをイメージとして処理することで、より記憶に残りやすくなります。単語を〝ただの文字〟として捉えるのではなく、前のTipsのように「犬はそこらの犬ではなく、愛犬のタロウくんだ！」「魚は自分の好きなまぐろだ」などとイメージ化もしっかりできるとよいでしょう。

「ストーリー法」を使えるようになると、仕事で今日やらなきゃいけない業務であるTo Doリストを数秒で覚えられたり、夕飯の材料の買い物など、ちょっとしたものを覚えたいときにメモが不要になったりします。

練習として仕事のTo Doリストを5つ覚えてみましょう。

優先度
高い ↔ 低い

①プレゼン資料作成
②メール返信（鈴木さん）
③経費申請
④報告書作成
⑤企画書作成

ストーリーの例：「プレゼン資料（作成）」を「（メール返信）鈴木さん」に渡したら、引き換えに「お金（経費申請）」をもらった。そのことを上司に「報告（書作成）」したら、新商品の「企画書作成」を依頼された。

POINT

覚えたい用語を用いて架空のお話を作ると記憶に残る

Tips 69

記憶の基礎力を高めて記憶力を高める ③語呂合わせで記憶する

鎌倉幕府が成立した年号の覚え方として「いい国（１１９２）つくろう鎌倉幕府」（今は「いい箱（１１８５）つくろう鎌倉幕府」に変わっています）という語呂合わせを聞いたことがあったり、実際にこの方法で覚えたという方もいるでしょう。

数学の$\sqrt{2}$の「ひとよひとよにひとみごろ（1.41421356……）」という語呂合わせも有名です。

「いい国つくろう鎌倉幕府」はおそらく小学生のころに聞いたはずですし、「ひとよひとよにひとみごろ」は中高生で聞く語呂合わせです。これらの語呂合わせは、定期的に復習しているわけではないにもかかわらず、何年（人によっては何十年）も経った「今」でも覚えている方が多いでしょう。

改めて考えてみると、これはすごいことだと思いませんか？

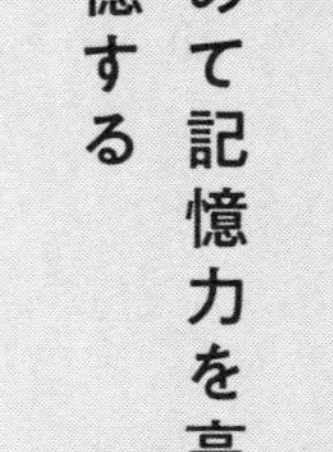

本Tipsでは「語呂合わせ」について説明します。**語呂合わせは、自分にとって理解・納得できるものであれば、うまくハマって記憶できます。**

例えば、私がとても印象に残っている語呂合わせの一つに「生稲《いくいな》（1917）晃子《あきこ》がロシア革命」というものがあります。

私が小学生のころ、夏休みのお昼時に放送されていた人気ドラマ『キッズ・ウォー』（TBS）で、お母さん役を生稲晃子さんが演じていました。「生稲晃子がロシア革命」という語呂合わせは、私にとって非常に印象的でハマる内容だったので、二度と忘れない記憶となりました。

しかし、もし今の小学生に「生稲晃子がロシア革命」という語呂合わせを教えたとしても、ほとんどの人にはハマらないので印象に残らないと思います。

これまでにいろいろな語呂合わせを読んだり聞いたり、実践したりしてきたはずです。その多くが長期記憶として残らなかったのは、ただ自分に合わず消えていってしまったからです。

語呂合わせは、**自分に合えば強く記憶に残り、そうでないものはすぐに消えていってしまう**というメリットとデメリットがあるのです。

メリットをうまく享受するには、主に２つの方法があります。

１つ目は**たくさんの語呂合わせの中から、自分に合うものや好きなものだけを覚えていく**という方法です。

一つの歴史の年号と出来事であっても、ネットで検索すると数多くの語呂合わせが公開されていますし、「語呂合わせ集」のような書籍から探してもいいです。その中から一番頭に残るものを選んで覚えると、格段に記憶に残りやすくなります。

自分にとってピンとくる語呂合わせがないものに関しては、２つ目の**自分で語呂合わせを作ってみる**という方法が有効です。

これは歴史の年号だけでなく、英単語などにも活用できます。

私が大学院生のときに研究していた「記憶術を用いた英単語記憶」についての実験でも明らかになっています。

実験では、被験者30人に、英単語と日本語の意味をつなぐものとして私が作成した語呂合わせを用いて覚えてもらいました。

実験後に数人の被験者から「笑える語呂合わせや面白いと思った語呂合わせは簡単に覚えることができたが、ピンとこないものは記憶するのに時間がかかるだけでなく、解答のときもあまり思い出すことができなかった」という意見がありました。そして「自分で語呂合わせを作って覚えたものは記憶に残りやすい」という結果も得られたのです。

POINT

語呂合わせは、自分に合うものだけを取り入れ、合わないものは覚えやすい語呂合わせを自分で作ると記憶に残る

Tips
70

記憶の基礎力を高めて記憶力を高める
④体と結びつけて記憶する

記憶力を高める方法の４つ目として、覚えたいものを体と結びつけて記憶するという方法があります。

今回のTipsで身につけてしまえば今後一生使えるようになるので、ぜひ身につけてしまいましょう。

中高の日本史でも基本とされる明治時代の10の出来事を暗記しなくてはいけないケースを例に、この方法を説明します。

①自分の体を辿って上から1から10まで番号を振る

①頭　②目　③鼻　④口　⑤首　⑥肩　⑦肘　⑧手　⑨胸　⑩腹

②覚えたいものをイメージして各部位に結びつける

覚えたい10の用語――「明治維新」「五箇条の御誓文」「帝国主義」「版籍奉還」「一世一元の制」「廃藩置県」「日英通商航海条約」「四民平等」「日清戦争」「甲午農民戦争」――を、①で番号を振った各部位と結びつけます。

覚えるものが「卵」という単語だったら「頭で卵を割る」と簡単にイメージができると思います。

しかし、「明治維新」を頭で割ることはできませんし、〝こういうもの〟という実際のイメージがないので、簡単に結びつけられません。このときに重要なことは、**明治維新の意味を知り、印象的なものや人物などを1つ決める**ことです。

明治維新は、封建的な社会から資本主義社会の始まりだったので「資本主義＝お金」のイメージや、西洋化が進み食文化も大きく変わったので「西洋化＝肉」というイメージでもよいでしょう。

このように、**自分のイメージしやすいものと体の部位を結びつける**ことが重要です。

イメージの一例は、次のページの通りです。

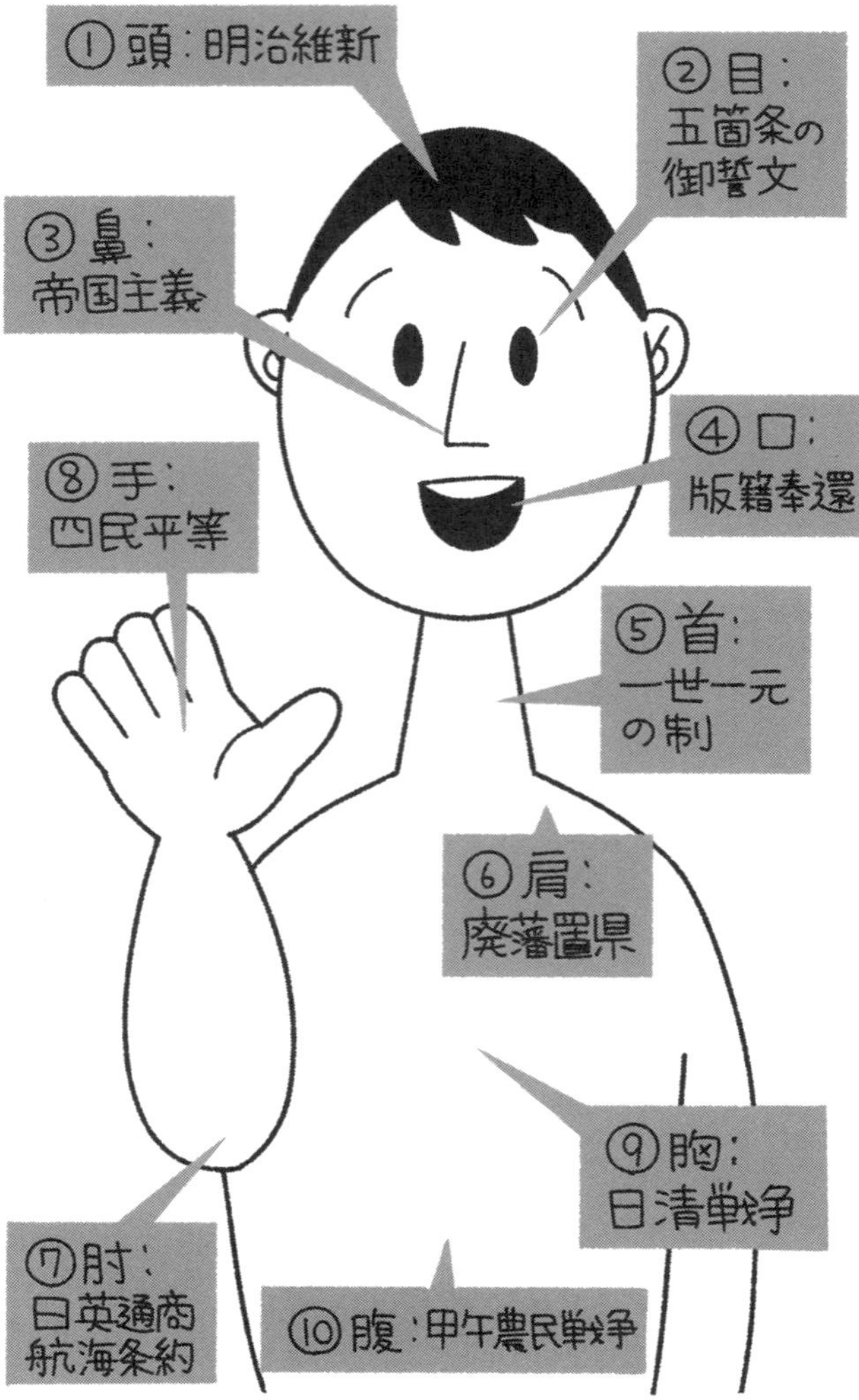
①頭：明治維新
②目：
五箇条の
御誓文
③鼻：
帝国主義
④口：
版籍奉還
⑤首：
一世一元
の制
⑥肩：
廃藩置県
⑦肘：
日英通商
航海条約
⑧手：
四民平等
⑨胸：
日清戦争
⑩腹：甲午農民戦争

①頭：明治維新→西洋化なので「肉」のイメージ
②目：五箇条の御誓文→政治は話し合いで決める「会議」のイメージ
③鼻：帝国主義→自分の利益が最優先「人のお金を取っている」イメージ
④口：版籍奉還→土地を返還「土地」のイメージ
⑤首：一世一元の制→天皇一代の間で1つの元号を使用する制度→「天皇」のイメージ
⑥肩：廃藩置県→藩を廃止し県を作った「47都道府県の日本地図」のイメージ
⑦肘：日英通商航海条約→関税や領事裁判権などイギリスと結んだ条約から「ロンドンバス」のイメージ
⑧手：四民平等→国民全員に名字や学制などができた「学校」のイメージ
⑨胸：日清戦争→日本と清（中国）との戦争から「ラーメン」のイメージ
⑩腹：甲午農民戦争→朝鮮で起きた反乱から「キムチ」のイメージ

③頭から腹までを辿り、イメージやもとの用語、意味などを思い出す

体を辿ってなんのイメージがあるかを確認してみましょう。
頭：肉→明治維新、目：会議→五箇条の御誓文……というように「イメージ」と「単語」を思い出せれば問題ありません。このときに用語は一言一句合っているか、漢字は合

っているか、その用語の意味を正しく説明できるかまで確認できるとなおよいです。

体に結びつける理由は、**重要な言葉を1つも漏れなく記憶できているかの確認になるだけでなく、言葉がわからなくなったときに自分で作った「イメージ」がヒントになり思い出しやすくなる**からです。試験前は特に、頻出の用語や自分が苦手な分野について記憶をしておくとよいでしょう。

今回は頭から腹までの上半身（10カ所）を使いましたが、足やつま先まで使えば20個以上、1つの部位に複数の用語を結びつければさらに多くの個数を覚えることも可能です。ただあまり多く結びつけてしまうと、また思い出すのにも時間がかかったり、1個あたりの用語に対しての理解が浅くなったりするので、どんなに多くても**体に結びつける用語の数は50個ほどまでにしておくのがいい**です。完璧に覚えたら、同じ部位に別の用語を上書きして、覚える数を増やしましょう。

POINT

体の部位と結びつけた覚えたいもののイメージがヒントになり、用語やその意味を思い出せる

Tips 71

記憶の基礎力を高めて記憶力を高める
⑤場所と結びつけて記憶する

Tips 27などでもお伝えしましたが、人間の記憶は場所と強く結びついています。英単語や人の顔と名前などは努力してもなかなか覚えられないのに、「場所に関する記憶が強い」という生得的な能力を持っている説の一つとして、人間を含め生き物は場所に関する記憶が弱いと生きていけなかったからと考えられます。

天敵のいる危険地帯や安全に雨風をしのぐことのできる場所、おいしい食べ物があるポイントなど場所に関する感覚が弱いと生きていくことが困難になります。この能力がそれほど必要なくなった今でも、残っていると考えられているのです。

この特性を生かした記憶法を「**場所法**」と言います。**場所法は汎用性が高く効果も大きいので、メモリーアスリートたちが大会の際、ほぼすべての種目で使っている記憶法です。**当然、勉強や学習にも応用することが可能です。

場所法の強みは、「**短い時間で大量にものを順番通りに覚えることができるようになり、その場所を、記憶を長期化させるための一時的な記憶の保管庫として使用する**」ということ。勉強や学習において強みを最大限生かせる方法を、順を追って紹介します。

ステップ1　場所法を行うには仕込みが必要

「場所法」は覚えたいものを実際にある場所に順番に置いていくという方法ですが、使うためには〝仕込み〟が必要です。場所を事前に用意するのです。

場所は自分にとって愛着があったり、イメージしやすかったりする「身近な場所」がいいです。身近な場所は具体的にどこにするのか、その場所の「どこ」に「どの順番」で置くのかを事前に決めておかないといけません。これを場所作りと言います。

みなさんにとって一番身近な場所は「自宅」でしょう。最寄り駅までの歩き慣れた道や近所の公園などもおすすめです。

自宅など場所の大きなくくりを「ルート」と呼びます。自宅の中にあるドア、玄関などの細かい場所を「プレイス」と呼びます。

プレイスは、時計回りもしくは反時計回りで、一つの方向性を持って作りましょう。方向性を持たせると早く記憶でき、プレイスを途中で飛ばしてしまうことも防げます。

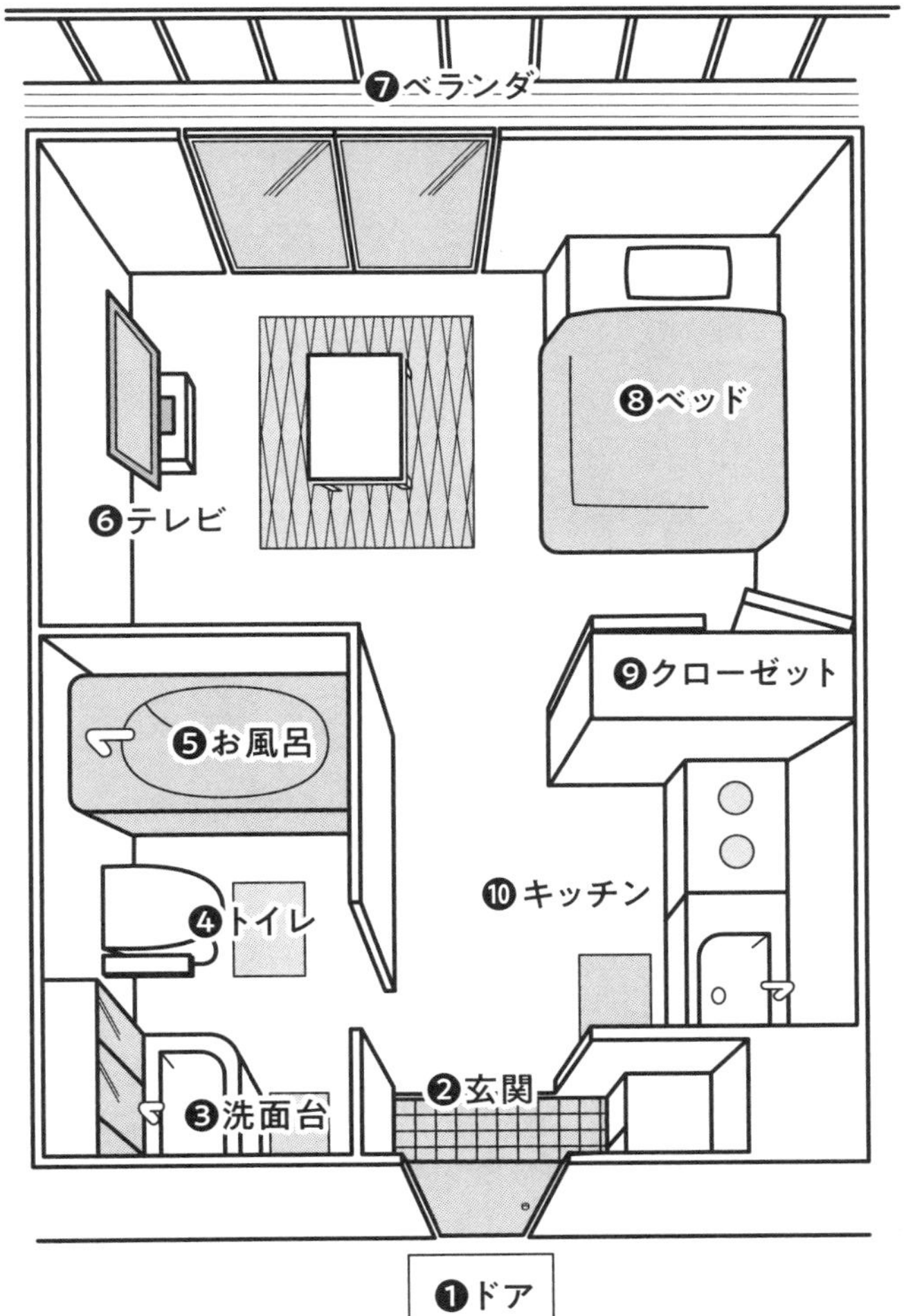
❼ベランダ
❽ベッド
❻テレビ
❾クローゼット
❺お風呂
❿キッチン
❹トイレ
❷玄関
❸洗面台
❶ドア

前ページの図は、よくある家の間取りです。脳内で間取りや部屋にあったものをイメージして、プレイスを作ります。この家なら10個のプレイス（①〜⑩）を作ることができるでしょう。

1つのルートで10個のプレイスがあることを「1ルート10プレイス」と言います。**場所法でもイメージ化することが非常に大切です。**大きい家の方はもっとたくさんのプレイスを作れるかもしれません。遊園地や大学のキャンパスなどの広い場所なら、もっとたくさんのプレイスを用意することができるので、長いルートを作ることも可能です。

ステップ2　覚えたいものをプレイスに置いていく

人によって得意な場所はそれぞれ異なるので、今回は先ほどの架空の家を使って「面積の大きい都道府県のランキング」を記憶していきます。1位はわかっても2位以下は意外とわからない人も多いのではないでしょうか?

面積の大きい都道府県のランキングは、次の通りです。

1位　北海道　2位　岩手県　3位　福島県　4位　長野県　5位　新潟県
6位　秋田県　7位　岐阜県　8位　青森県　9位　山形県　10位　鹿児島県

プレイスの①ドアに「北海道」を置いていきます。Tips 70と同様に「北海道」をそのまま置くのではイメージしにくいので、北海道＝「牛乳」「カニ」などというイメージをしましょう。今回は各都道府県のおいしい食べ物でイメージを作っていきます。

①ドア：北海道→**牛乳**　ドアの前に牛乳パックが置いてある
②玄関：岩手県→**わんこそば**　玄関にわんこそばの器が大量に置いてある
③洗面台：福島県→**桃**　洗面台で「どんぶらこ」と桃が流れている
④トイレ：長野県→**ぶどう**　トイレの便器の中にぶどうが詰まっている
⑤お風呂：新潟県→**お米**　お風呂の浴槽ではお米のプールができている
⑥テレビ：秋田県→**きりたんぽ**　テレビの画面にきりたんぽ鍋が映っている
⑦ベランダ：岐阜県→**飛騨牛ステーキ**　ベランダで飛騨牛ステーキでＢＢＱをしている
⑧ベッド：青森県→**りんご**　ベッドの上には巨大なりんごが置いてある
⑨クローゼット：山形県→**さくらんぼ**　クローゼットを開けるとさくらんぼがかけてある
⑩キッチン：鹿児島県→**さつまあげ**　キッチンには熱々のさつまあげが置いてある

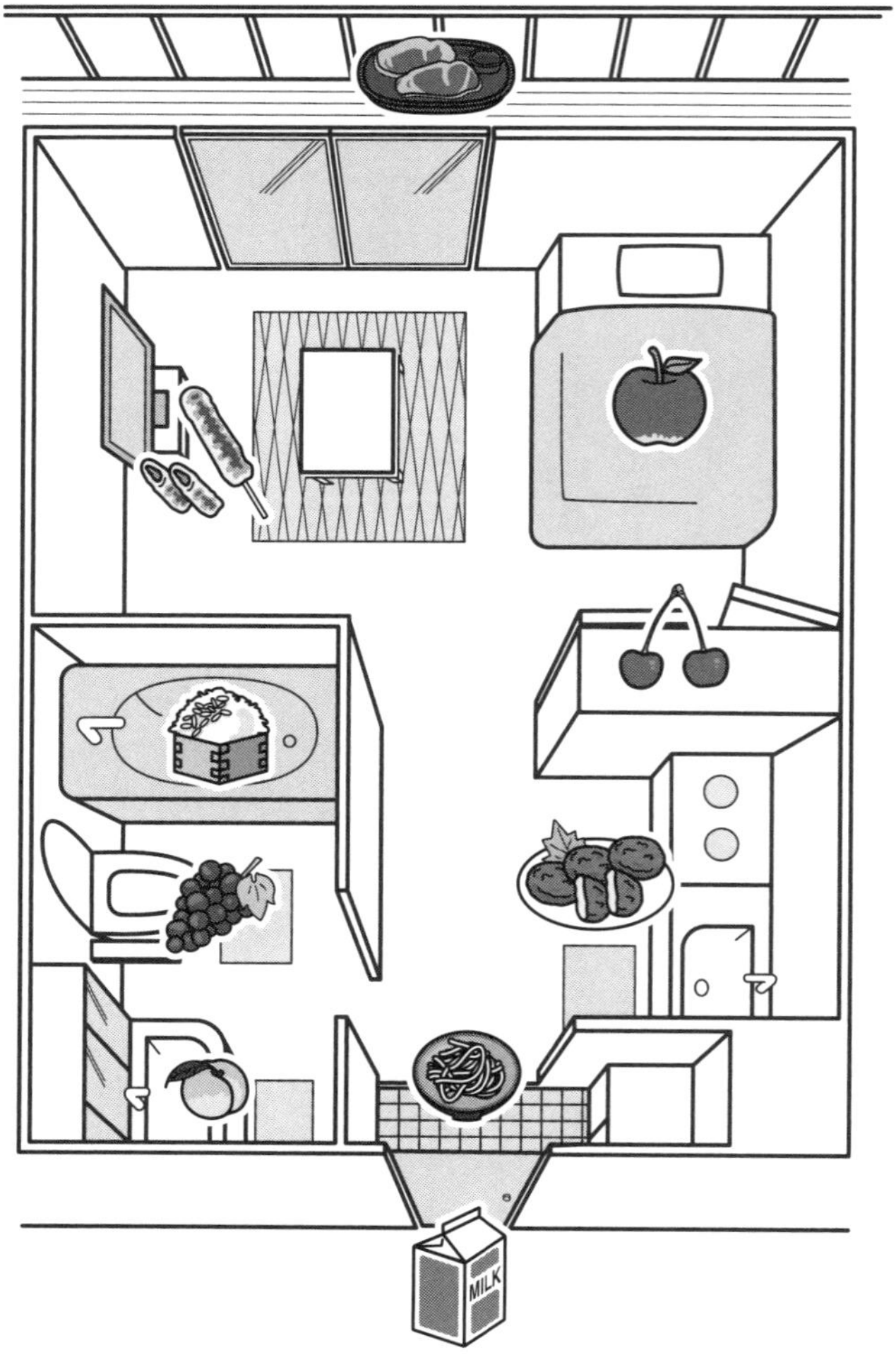
MILK

各プレイスでイメージができたら【ステップ2】は完了です。

このとき、機械的に各プレイスと結びつけて覚えるのではなく「都道府県の一覧に何か傾向はないかな?」などと考えられるとよいでしょう。

今回見てみると、東北地方の県が宮城県を除いてすべてランクインしています。また岐阜県と長野県は隣同士で両方とも内陸圏だなと意識できるとよいかもしれません。これに気づけるかは、自分の持っている知識によっても大きく変わってくるのでわかる範囲で構いません。

ステップ3　プレイスから思い出す

プレイス①から順に⑩まで、プレイスを辿ります。

①は「ドアの前に牛乳パックが置いてあるから〝北海道〟だ!」

②は「玄関にわんこそばの器が大量に置いてあるから〝岩手県〟だ!」

というように順番に思い出せるかどうか、確認しましょう。

もし思い出せない場合は、各プレイスとイメージがうまく結びついていないか、北海道

＝牛乳というイメージの相性が悪いのかもしれません。各プレイスとイメージがうまく結びついていない場合は、再度イメージすれば思い出せるでしょう。イメージの相性が悪い場合は、イメージ自体を「牛乳」から「カニ」に変更するのも手です。

また、思い出しながら日本地図で位置を確認してみるとよいでしょう。日本地図に色を塗ってみると、地域に偏りがあることがわかりますし、視覚的にも記憶に残ります。これはTips 52（イラスト化して覚える）を応用したものです。

このようにして場所を使って覚えるととても記憶に残りやすくなります。

覚える内容や期間によって、必要なプレイスの数は変わりますが、20プレイス程度あると勉強や学習に効果があります。

次の練習問題でみなさんのルートとプレイスを増やす場所作りの練習をしましょう。

例題

ルート名：自宅

	プレイス
1	ドア
2	玄関
3	洗面台
4	トイレ
5	お風呂
6	テレビ
7	ベランダ
8	ベッド
9	クローゼット
10	キッチン

練習問題 10プレイスのルートを1つ作ってください。

ルート名：

プレイス

1	6
2	7
3	8
4	9
5	10

場所はたくさんあると多くのことを覚えられるようになるので、たくさんあるに越したことはありません。

ただ、今回紹介した10プレイスでも覚えるべき単語をしっかりと身につけるには負荷がかかるので、身につけてから新しいものを覚えるということを徹底するためにも、多くても100プレイスほどあれば十分でしょう。

POINT

場所をうまく活用して自分の覚えるべきことをしっかり身につけよう

Tips 72

場所法をさらに活用する

前のTipsで、場所法を使って「面積の大きい都道府県ランキング」を記憶して思い出すというところまで説明をしました。

ここからは勉強や学習に生かすためにさらに突っ込んだ話をします。

ステップ4　場所に置いた用語を深掘りする

試験に出る用語は、その用語自体の難易度が高い傾向にあります。

例えば、日本史で頻出の「昭和恐慌」という重要な出来事があります。昭和恐慌という漢字は「北海道」よりも難しく長いので、漢字自体を書けるようにする作業が必要だったり、「昭和恐慌」の意味も正確に説明したりできないとテストでは点数を取れません。そのために、用語を「深掘り」します。

「北海道」や「岩手県」と同じように**正確に思い出すだけでなく、その言葉を漢字で正しく書けるのか、その意味をしっかりと説明できるか、どのような流れでその出来事が起きて、誰が関わってその後どうなったのかというところまで追えると完璧**でしょう。

あくまで一例ですが、「昭和恐慌は、アメリカで1929年に起きた世界恐慌や金輸出解禁などの影響がその1年後に日本にも及び、農業を中心に日本経済も危機的な状況に陥った。そして、高橋是清《これきよ》が金輸出を禁止し、お金を国民にばらまく積極的な財政政策を取った」などと説明できるとよいでしょう。

目的とする科目や資格の種類によって、深掘りすべき内容やその度合いは違うと思うので、常に何がどこまで必要かを考えながら行う必要があります。

ステップ5　繰り返す

覚えた用語をしっかりと思い出すことができ、ちゃんと書くことができるか、その用語の意味の説明や前後の流れを理解できているかの確認を繰り返します。なかなか一発でできることではありませんが、自分がわかった気になっている部分などにも気づけます。

「体記憶法」と同様に、ノーヒントで自分の頭の中の場所を辿って完璧にできるようになれば、テストでもほぼ確実に答えられるようになるでしょう。

ステップ6　上書きをする

ここで注意するべきは、**場所法で使用したルートやプレイスは記憶の一時的な保管庫であるということです。**何度も繰り返し完璧に身につけたら、しばらく時間が経っても忘れることはありませんし、場所をきっかけに思い出すことも不要になります。

そのような状態になれば、**今まで使用していたルートやプレイスは、開放して新たな覚えるべき用語のための場所として上書きしていきましょう。**

少し極端な話ですが、一度に200個や300個も身につけようとしても、時間がかかる上に、かなりの負荷がかかります。一度に覚える数は絞って、「覚えたら上書き」を繰り返すことをおすすめします。

POINT

場所と結びつけて覚え、ノーヒントで思い出せたら記憶に定着している。完璧に覚えたら、別の用語を上書きして覚えていく

Tips 73 好きな人やキャラクターと結びつけて記憶する「ラブパーソン法」

自分の好きな人やキャラクターなどと結びつけて記憶する方法を「ラブパーソン法」といいます。文字通り、ラブは「愛」でパーソンは「人」です。

可能であれば、漫画の登場人物だったら、『ドラゴンボール』や『ちびまる子ちゃん』などのように、ジャンル分けができるといいでしょう。実在の人物を用いる場合は、「友達」「仕事関係」「親戚」などで分けましょう。

今回は、国際連合安全保障理事会（国連安保理）の常任理事国（中国・フランス・ロシア・イギリス・アメリカ）を『ドラゴンボール』を使って覚えてみます。ドラゴンボールを知らない人は他の漫画やアニメに、5人家族の場合は「家族」に置き換えて考えてみてください。

まず、『ドラゴンボール』の好きなキャラクターを思い浮かべましょう。悟空、ベジータ、悟飯、トランクス、ピッコロの5人を選択したとします。

この5人を各国と国名を連想できるものに結びつけていきます。

「悟空は赤い胴着を着ているし、名字が孫《そん》だから中国のイメージとピッタリだな」
「ベジータは青い戦闘服を着ているからフランスのイメージに近いし、フランスパンを食べているイメージにしよう」
「悟飯がロシアで修行のためにコサックダンスをしている」
「トランクスはフィッシュ&チップスを剣で切って食べている」
「ピッコロはハンバーガーを食べすぎて顔色が悪い」

といった具合です。

国名から連想できるもの（中国＝孫という名字、フランス＝青やフランスパン、ロシア＝コサックダンス、イギリス＝フィッシュ&チップス、アメリカ＝ハンバーガー）と**勝手なイメージをキャラに結びつける**のです。

さらに、5人が集まり丸くなって、それぞれの動きをしていると国連安保理のイメージがより強くなるでしょう。

このように**自分の好きなものは思い出しやすいですし、特徴もよく知っているので、覚えにくいものと結びつけると記憶に残りやすい**性質があるのです。

POINT

好きなものと覚えたいものから連想したイメージを結びつけると記憶に残りやすい

Tips
74
アルファベットを変換して記憶する

Wi-FiパスワードやネットショッピングなどのログインＩＤでアルファベットを覚える必要があると思います。アルファベットは数字と同様に無機質なものなので、そのままで記憶することは非常に難しいです。そのため、アルファベット1文字に対して1つのイメージを作って覚えることをおすすめします。

アルファベットはA~Zまで26文字あります。**各アルファベットの頭文字からイメージしやすい単語を割り当てます**。一からすべてイメージを作るのは大変だという人向けにイメージの変換表を用意しました。26個のイメージがすべての人に身近なわけではないので、自分の好みに変更しても構いません。

【変換表】

A	B	C	D	E
Apple りんご	Bus バス	Candy あめ	Dice サイコロ	Egg たまご
F	**G**	**H**	**I**	**J**
Face 顔	Guitar ギター	Hotel ホテル	Ink インク	Jet ジェット機
K	**L**	**M**	**N**	**O**
Koala コアラ	Lemon レモン	Monster 怪物	Nurse 看護師	Ox 牛
P	**Q**	**R**	**S**	**T**
Pencil 鉛筆	Queen 女王	Radio ラジオ	Socks 靴下	Table テーブル
U	**V**	**W**	**X**	**Y**
UFO ユーフォー	Virus ウイルス	Water 水	Xmas tree クリスマスツリー	Yacht ヨット
Z				
Zebra シマウマ				

アルファベットには大文字と小文字があります。パスワードにも大文字と小文字が混じっているものが多いですね。**大文字は巨大化しているイメージ、小文字は大量にあるイメージで覚えましょう。**

小文字を小さくしてはいけない理由は、小さくしすぎると、イメージとして残りにくくなるからです。サイズは普通サイズでたくさんあるイメージをするとよいでしょう。

何度か繰り返すとアルファベットを見てイメージに変換することにも慣れます。順番に覚えたい場合はストーリー法（Tips 68）を使ってみましょう。

数字と合わせてアルファベットのイメージ変換も身につけると一生ものの技術になるので、練習することをおすすめします。

POINT

アルファベットの頭文字からイメージを作り、大文字は巨大化・小文字は大量にあるイメージをする

Tips 75

R-18と記憶の関係

テレビやラジオなどのメディアや記憶術の書籍などを読んでもあまり書かれていない記憶法があります。それは「R-18」（成人向け：18歳未満の閲覧を規制するコンテンツ。18禁ともいわれる）と記憶の関係についてです。

R-18というと、いわゆるエロい（エロチックな）内容やグロい（グロテスクな）内容のイメージが強いと思います。

記憶をテーマに扱うメディアや書籍は教育目的が多く、真面目で誠実なものが多いので、R-18の内容は禁忌であることがほとんどです。テレビやラジオなどでパフォーマンスをした後に、覚え方を説明するときもそのような話が表に出てくることはありません。

しかし、メモリーアスリートたちの脳内は、実のところR-18で溢れているのです。そして**R-18の内容にすると、かなり記憶に残りやすくなります。**

記憶に残りやすくなる理由は、R-18の内容が「人間の本能に近い部分であるから」だと考えられます。

「エロ」は人間の三大欲求である食欲・睡眠欲・性欲の一つです。もちろん人によりますが、男性は平均して1分間に1回程度エロいことを考えているという説もあります。

一方、「グロ」は命を脅かされるほど恐ろしかったり、目を覆いたくなるほど気持ち悪かったりすることが多いと思います。

それだけ強い感情なので、それとリンクさせて覚えることで記憶力が高まるのかもしれません。

覚えたいものを覚えるときにすべてR-18にする必要はありません。**覚えにくいものや苦手なものを覚えたいときにエロやグロを用いる**とよいでしょう。

私は学生のころ、古文の単語や助動詞の暗記などに興味が持てず、古文が非常に苦手でした。しかし浪人時代に予備校の先生から「昔の人は暇だからいつもエロいことを考えていて、それを本にしたものが『源氏物語』や『枕草子』だったりするんだよ」と教えても

らいました。

この話をきっかけに、自分から積極的に古文を読むようになり、比較的古文が好きになった経験があります。

他にも、お笑い芸人の信子さん（ぱーてぃーちゃん）が、たくさんの歴史人物を暗記するというテレビ番組の企画をお手伝いしたときに、この「エロを絡めて記憶する」方法を紹介しました。

明治期に外務大臣などを歴任したことで知られる「陸奥宗光《むつむねみつ》」を記憶するときに、（陸奥宗光には大変失礼な覚え方ですが……）「むっつりで胸3つを見てにやけている」というイメージを作って記憶していました。その甲斐《かい》あってか、クイズでは無事正解していました。

このような例は枚挙にいとまがありませんが、みなさんも記憶に困ったらぜひこの方法を使って記憶してみましょう。

POINT
人間の本能的な感情に近い「R‐18」と絡めると印象に残りやすい

Mnemonic Methods

第6章

勉強に効く記憶術

Tips 76→100

Tips
76

読めないものは書けない（漢字・英単語）

英単語や漢字の覚え方を教えるときに「どうやったら書けるようになりますか?」と質問を受けることがあります。

実は、そのような方の多くはそもそも書けるようになりたい英単語や漢字を読めなかったり、意味を理解していなかったりすることが多いのです。

読めない、意味がわからないのに「書き」ばかりを覚えようとしても、なかなか頭に入りません。効率は悪くなる一方です。

英単語や漢字を書けるようになるまでのステップは基本的に次の通りです。英単語は「furniture」、漢字（熟語）は「岳父」を習得することを例に解説します。

ステップ1 「読める」

単語の読み方は、furniture（ファーニチャー）、岳父（がくふ）です。どちらも中学3年生レベルの単語ですが、意外と難しいので読めなくても意味がわからなくても問題はありません。読めた方は、【ステップ2】に進んでください。

読めなかった方は繰り返し読んだり、文字が共通している他の単語（futureやnature／祖父や山岳など）を調べたりして、何かと関連づけて理解し、読めるようにしておきましょう。岳父を「岳」と「父」に分けて、岳は「がく・たけ」、父は「ちち・ふ」と読むなと分解してもいいでしょう。

ステップ2 「意味がわかる」

単語の意味は、furnitureが「家具」、岳父が「妻の父」です。

英単語でも漢字でも「読めはするけれど、意外と意味はわからない」というものがあると思います。意味を知らない単語は、すぐに調べましょう。

特に、漢字を完璧に書けるようになるまで身につけたいときは、**意味がわかっていると**

非常に覚えやすくなります。

例えば、岳父は「妻の父」という意味なので、結婚している男性にとって、「妻の父は大きな山（岳）のように偉大で、話すのは少し緊張する」と、漢字からイメージをつけてあげてもよいかもしれませんね。

ステップ3　「書ける」

しっかりと読めるようにし、意味をきちんと理解した上で書いていきます。

英単語の場合は、スペルを意識して覚えるとよいでしょう。ただ作業として書くのではなく、何文字の単語なのか、この英単語や漢字のどこの部分が苦手で書けない（間違えやすい）のかなどを意識して何度も書いてください。書きながら「ファーニチャー」と声に出したり、「意味は家具だったな」と確認したりしながら覚えましょう。

何度か書いてすぐ書けるようになる場合はそれで構いませんが、難しい場合は次のTipsを参考にすると覚えやすくなります。

漢字は1文字ずつ覚えなくてよいのかと思う方もいるかもしれませんが、漢字は単独で使用するよりも、熟語で（他の漢字と組み合わせて）意味をなしていることのほうが多いです。もし余裕があれば、その熟語を使った例文を確認するといいです。

今回の例題で出した「岳」は中学2年生、「父」は小学2年生で習う漢字です。**熟語として覚えれば、1文字ずつの意味だけでない「言葉」として覚えることができる**ので、効率が良くなります。

POINT

単語を読めて、意味がわかると「書く」ことができるようになる

Tips 77

覚えるものを分解して記憶する（漢字・英単語）

もし「書き」段階でどうしても一気に記憶できない場合は、**英単語や漢字自体を分解してみると、難易度が下がる**のでおすすめです。

furnitureは、「furni」と「ture」に区切って発音しながら書いたり、岳父の場合は岳と父を分けて何度も書くとよいでしょう。岳は「丘」と「山」に分解して「丘と山を組み合わせている。山の上に丘ができるくらい大きな山なんだな！」とそびえ立つイメージをすると記憶に残りやすくなります。

多くの漢字には「成り立ち」があります。理解しやすくなるところまで分解すれば、難読漢字や画数の多い漢字であっても書けるようになるでしょう。

POINT

その単語を構成する要素に分解すると覚えやすくなる

Tips 78
覚えるものに対して たくさんのフックをかける（用語）

前のTipsまでで「読み→意味→書き」の順で覚え、難しいものの場合は分解してあげると覚えやすいという話をしました。

これでも**なかなか覚えられない場合は、知っていることや思いつくことを、できる限りたくさん〝記憶のフック〟としてかけておくとよい**でしょう。たくさん記憶のフックをかける理由は、覚えにくいものや苦手なものを思い出すときのきっかけを増やすためです。

「岳父」も「岳」と「父」に分けて、「岳」は「やま」という意味だな、「父」は「お父さん」という意味だなという認識でいいです。

他にも岳がつくものとして、長野県から山梨県に連なる「八ヶ岳」を思い浮かべたり、椎名誠さんの大ヒットした小説『岳物語』（集英社文庫）があったりします。岳のつく別の単語を知っている人は、関連づけて覚えるとよいでしょう。

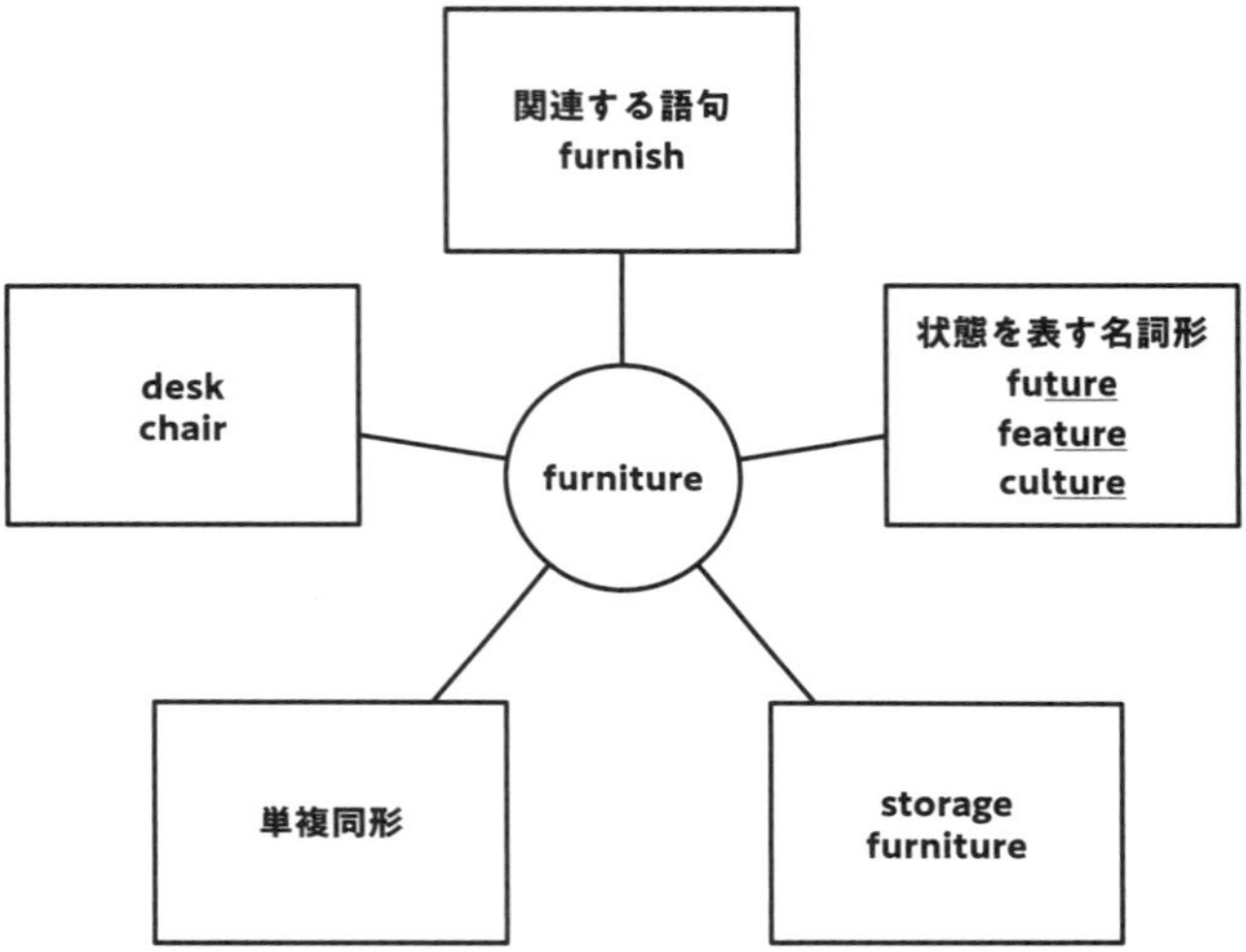

岳父は前述の通り「妻のお父さん」という意味なので、自分事として捉えるために、自分が結婚をしている場合は、自分の岳父を思い浮かべてもよいですし、結婚していない場合でも自分の父の気持ちになって母方のお父さん（自分から見ておじいさん）を思い浮かべる、というのもいいですね。

英単語の場合も同様です。

「furniture」を単独で覚えるだけでなく、「複数形になってもsはつかない」ことやfurnitureを使った英単語の「storage furniture（収納家具）」、関連する意味をもつ「furnish（〔家具を〕備えつける）」、類義語などもまとめて覚えてしまいましょう。

もっと簡単に、覚えたい単語に関連する

ものを思い浮かべて、英単語を調べて同時に覚えるのも手です。furnitureと関連しているものとして思い浮かべた机や椅子は、英語で「desk」「chair」だと確認するだけでもよいです。スペルから関連づけて、「-ture」で終わる英単語「future」「feature」「culture」なども一緒に覚えるといいでしょう。さらに「ture で終わる場合は『状態』を表す名詞形だな」と意識できたりするとよりよいです。

もし思い浮かんだ英単語がわからない場合は、すぐに調べると語彙力がアップします。

覚えたいものに少しでも関連するものに「フック」をかけるように覚えていくと効率良く複数のものを覚えることができます。無理に書き出す必要はありませんが、脳内で右ページの図のようなイメージができるとよいでしょう。

POINT

覚えたいものと関連するものにフックをたくさんかけると、まとめて複数個覚えられる

Tips

79

マッピング記憶法

どうしても覚えられないものや、関連性がある覚える量が多いものを効率的に記憶する方法が「マッピング記憶法」です。前のTipsでは脳内で「覚えるものに対してたくさんのフックをかける」という話をしましたが、マッピング記憶法はその応用編です。

マッピング記憶法は、歴史上の出来事や人物の記憶、化学式の記憶などに非常に有効です。

この作業は、できる限りパソコンやタブレットではなく、鉛筆を使って紙に書くことをおすすめします。細かい調整や書いたり消したり修正が効くためです。個人的には、ノート1ページに1つの内容にすることをおすすめします。

「明治維新」がどうしても覚えられない場合を例に手順を説明します。

次の①〜③の手順で書いたマッピングの例は、283ページにあります。

①覚えたい用語や単語を中央に書く

明治維新という言葉を真ん中に書きます。明治維新は「御一新」とも言うので、明治維新の下に書いてみました。

②関連するものをどんどん書き込んでいく

明治維新に関連するものはなんでもどんどん周りに書いていきます。もしジャンルなどを分けられる場合は分けて書いてもよいでしょう。

「明治維新」によって明治政府ができ、「五箇条の御誓文」という基本方針が出され「律令国家・太政官《だじょう》制」という権力を集中させる国家になったので、時系列で矢印を入れてもよいでしょう。

③イラストや関連する豆知識などを書いていく

関連するものを連想させるようなイラストや言葉などをメモ程度でいいので書いていきます。

明治維新により、西洋文化が入ってきました。「文明開化」と言われ、牛鍋を食べたり牛乳を飲むようになったり、洋服を着るようになりました。「殖産興業」が盛んになり、世界遺産にも登録された富岡製糸場ができたのも明治時代です。元号は「慶應」から「明治」に変わりました。今では元号としてだけでなく、大学名としても有名ですよね。旧一万円札には、慶應義塾大学をつくった福澤諭吉が描かれているので関連があるものとして載せました。

関係がありそうなものはなんでもいいです。自分の思いつくままに書き込んでいきましょう。

④完成したら翌日や数日後に最初から書いてみる

人間は一度書いただけではなかなか記憶できません。①～③の手順でできたものを「完成版」として保存しておきながら、**何も見ず一から書けるかどうか試してみましょう。**初めはかなり忘れているので、全然書けないと思います。そのときはわからない部分について完成版をさっと確認し、再び書き出すということをやりましょう。これを繰り返して完成版を目指します。

1日1回でいいので、これを2回、3回と繰り返しているうちに、だんだんスラスラと

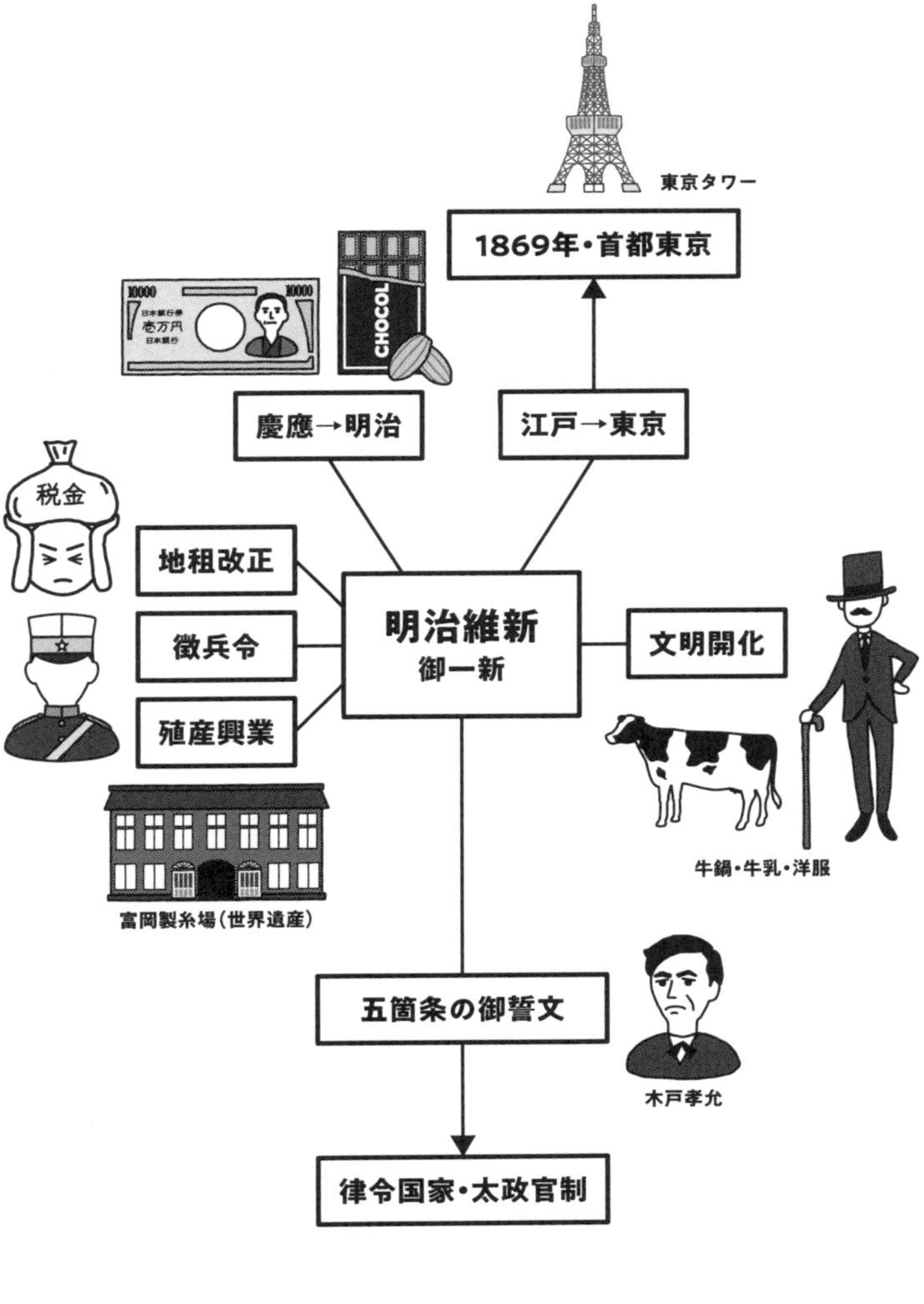
東京タワー
1869年・首都東京
10000
日本銀行券
壱万円
日本銀行
CHOCOL
慶應→明治
江戸→東京
税金
地租改正
徴兵令
殖産興業
明治維新
御一新
文明開化
富岡製糸場(世界遺産)
牛鍋・牛乳・洋服
五箇条の御誓文
木戸孝允
律令国家・太政官制

きれいに書けるようになります。

おおよそのジャンルで位置を決めているので、紙上の位置でも記憶に残ります。3回も書けばかなりの部分が頭に入り、理解が深まります。

勉強を継続していて、新たな情報が加わったときは完成版に追加して構いません。

用語だけなど単独で記憶するよりも、マッピング法によって「覚えたい内容」と「今まで身につけた知識」とを関連づけて記憶することで、内容とリンクして頭に残るので理解しやすく忘れにくくなります。

POINT

覚えたいものに関連する項目を図やイラストにすると、つながりを意識して理解しやすくなる

Tips 80

記憶ノートの作り方

学校や塾などに通っていたり独学で勉強をしている人は、日常的にノートを使っていたり、持ち運びをしている人が多いと思います。ところが、多くの試験で「暗記できているか」を問われるにもかかわらず、「記憶用のノート」を持っている人は多くありません。

今回はそんな人のために、効率の良い記憶ノートの使い方をお伝えします。


まず、ノートを1冊用意しましょう。記憶ノートは科目（内容）別に分ける必要はありません。**1冊にすべての科目の覚えるものを書いていきます**。

ノートを分けたほうが整理できると思う人がいるかもしれませんが、このノートの目的は「頭の中に入れること」です。ノートをあえて1冊にすることで、どのノートに書いたのかわからなくなることや、どこに置いたかわからなくなることを防ぎます。

ノートのサイズは持ち運びしやすい大きさであれば好きなものでよいですが、私のおす

【記憶ノート】

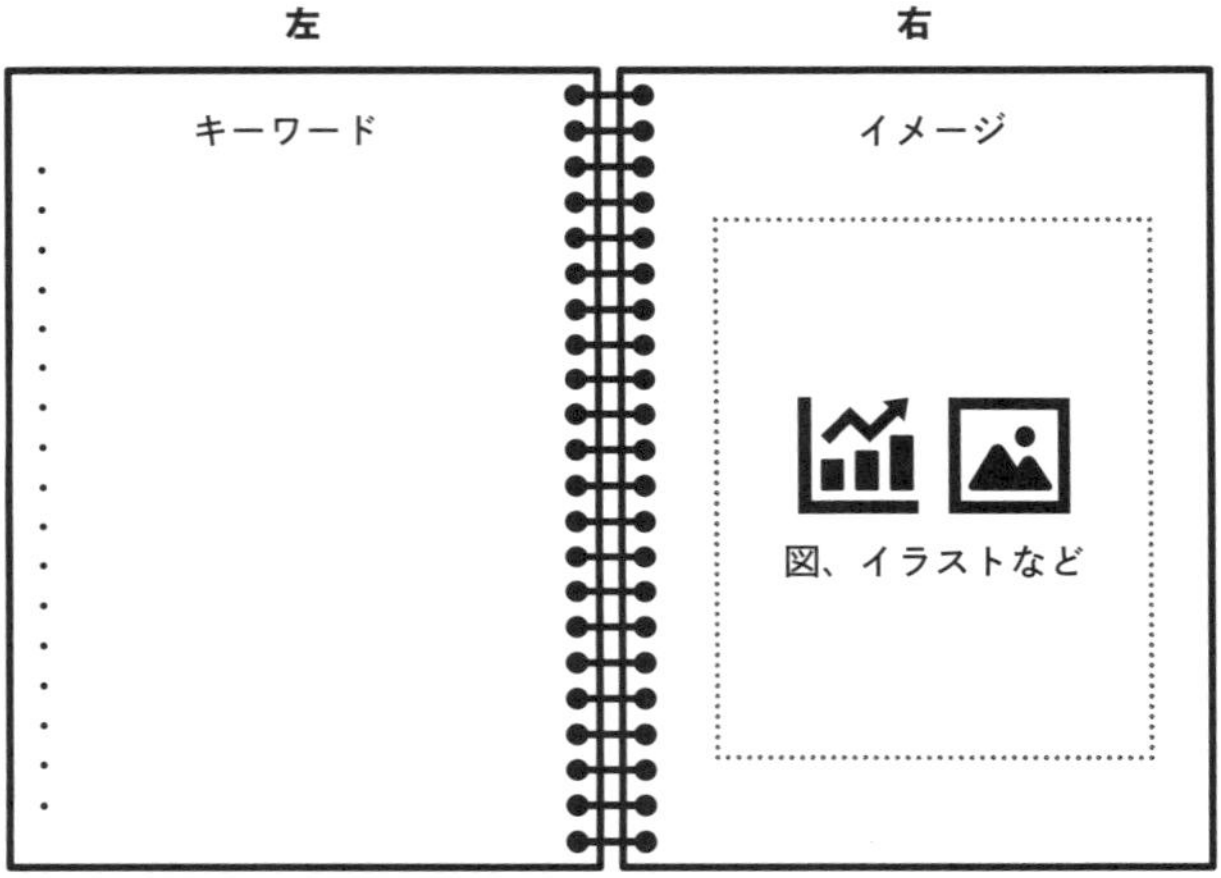

すめはA4サイズの罫《けい》線のないものです。

記憶ノートは基本的に「見開き」で使います。

ノートの左側には覚えたい用語を、箇条書き（もしくは単語のみ）で書きます。答えでなければ、補足などを書いても構いません。**右側にその用語の答えやその用語に関連する言葉、単語のイメージイラスト、図表などを書きます。**

英単語なら、左側に書いた単語と意味やスペルが似ている単語（関連語）を4つほど右側に書いておきます。このときに、できる限り日本語訳を書かないようにします。すると、関連語が問題に出てきたときや別の勉強をしているときに、自然と「左側の単語」も一緒に書いた単語も想起され、アウトプットする機会となります。まとめて覚えることで、類義語や対義語はもちろん、接頭語が共通するものや名詞形や形容詞形など品詞の種類が異なるものも頭に入るようになります。

1つの見開きごとに1つのテーマで使用します。次の見開きは全く関係のない内容で構いません。例えば、2~3ページは「漢検2級レベルの漢字の読み」、4~5ページは日本史の「江戸時代後期」、6~7ページは「TOEIC 800レベル」の英単語といった感じです。

科目や順番がバラバラであることがどうしても気になる人は、ルーズリーフを使って順番を入れ換えてもよいでしょう。

このように自分の覚えられていないものを1冊のノートに貯めていくのです。**自分の苦手なポイントや得点アップの要因は、この1冊のノートに詰まっています**。ここに書かれた単語や用語さえ頭に入れれば、成績が上がることは確実です。

記憶ノートは常に持ち歩き、レストランやカフェでの待ち時間、電車やバスの中など細かい隙間時間を使って覚えていきます。

ここに書いてあるものは、基本的に自分が一度覚えようとしてできなかったものなので、主に覚えられているかの確認に使用します。**ノートの左側に書かれた用語を見て、その用語をキチンと説明できるか、関連するものの流れまで把握しているかを頭の中で確認します。**余裕があれば、スマホのメモや別の紙に書き出しても構いません。

解答できないものがあれば、右側の答えをすぐに確認しましょう。もし解答の内容が薄かったり、理解できなかったりするようならば、右側に情報を随時追加していくといいでしょう。ノートの左側を上から下まで一つずつ確認して、頭に入っているかチェックすることが大切です。

何度も繰り返し、その見開きの内容が完璧に頭に入ったと思ったら、「習得したもの」として、ノートのページにペンで大きくバツ印をつけましょう。

そのようにしてどんどん自分の達成したものを積み上げていくと、自分の成長を感じることができます。知識が増えるだけでなく、自信もつくのでおすすめです。

POINT

記憶ノートを何度も繰り返し、全科目の苦手を克服しよう

Tips 81

最強のノートの取り方

「Tips 80で「記憶ノート」の話をしましたが、今回は学校や塾の授業などで使える「最強のノート」の取り方を解説します。どんなノートでも構いません。

ノートは次ページの図のように3つのエリアに分割します。例はノートの左ページですが、右側は左右対称になるように分割します。

ノートを3分割する理由は、情報量に関係なく、ページ単位でキーワードやポイントなどを明確にし、細かく内容を整理し理解できるようにするためです。

図の❶は、先生が授業で板書した内容や具体例、何かのエピソードを話したときにメモをする欄です。板書を写すときはできる限り作業にならないように注意しましょう。授業の中でどこが重要なのかを意識しながら板書を取れるとよいでしょう。授業中にわからなかったことを後で確認して、ここに書き足しても構いません。

【最強ノートの取り方】

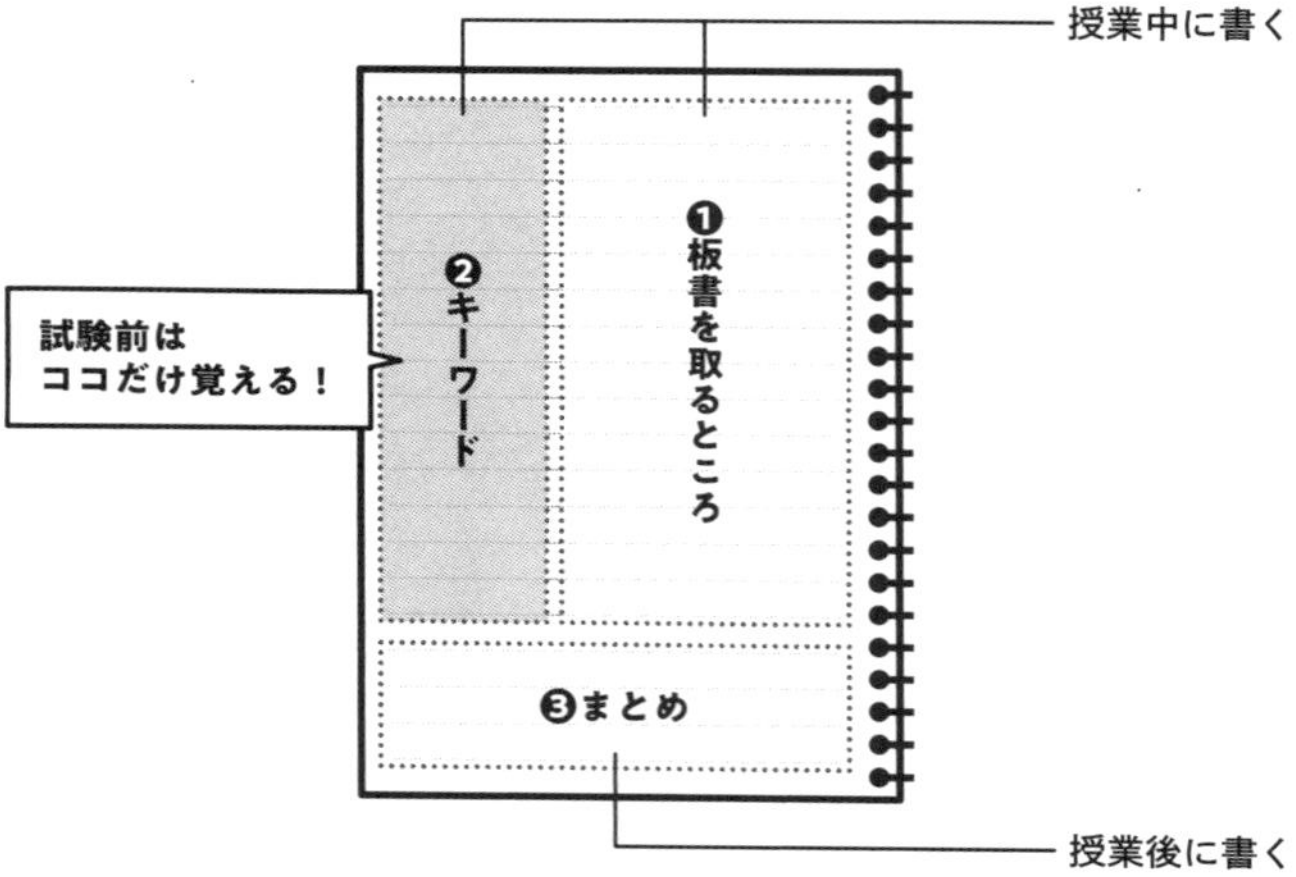

❷は授業中に話したキーワードを書きましょう。文章で書かずに、できる限り箇条書きや用語単位で書くようにしましょう。

授業中に書く場所は、❶と❷のみです。もしキーワードを抜き出している余裕がなければ、❷は授業後でもOKです。

授業が終わったら、そのキーワードを一言一句間違えないように丸暗記します。このときにキーワードの意味をしっかり理解できているか確認します。前後に登場するキーワードと関連性が強い場合も多いので、意識しながら覚えるとよいでしょう。もし意味がわからないものがある場合はすぐに調べます。

❸は、授業後に授業の内容をまとめるた

めに使用します。❶と❷を見ずに、❷で暗記したキーワードを使いながら、❶に書いてある内容を再現していきます。❶の内容を完璧に再現する必要はありませんが、「まとめ」としてポイントを押さえられているか意識しましょう。

まとめ部分は楽しくするためにイラストなどを描いたり、写真をつけたりしてもよいでしょう。授業当日はここまでできていれば、ほぼ完璧です。その日のうちに覚えてしまうと試験前は非常に楽になります。

試験前にやることは、❷のキーワードを再度覚え直すだけです。記憶術を使える方はストーリー法や場所法などを使ってキーワードを覚え直しても構いません。

改めて記憶したら、キーワードをもとに何も見ずに「まとめ」を作ってみましょう。まとめた内容が、❸で授業後に作成したまとめと近いかどうか確認してみましょう。再現できていれば、次のページに進みます。もし再現できなかった場合は、どこが理解できていないのかを確かめ、必ずその場で理解し記憶するようにしましょう。

ノートを取る上で、いくつか注意事項があります。真面目な学生ほど陥りやすいので注意しましょう。

- カラフルにまとめノートを作る
- 必要以上にきれいにノートを取る

カラフルにまとめノートを作ろうとすると、色の選択に時間が取られてしまったり、きれいで美しいノートを作ったりすることが目的になってしまいがちです。**黒や青1色をベースに、重要なポイントだけ赤字で書く**ので十分です。

また、ノートをきれいに取る必要もありません。ノートをきれいに取ることに意識を向けるのであれば、先生の話に集中するほうが建設的です。

基本的にノートは人に見せるものではないので、自分が見返した際に理解できればよいと思ってください。

POINT

ノートは3分割して、試験前はキーワードを見直せばOK

Tips 82

英単語の「読み」の覚え方①
発音スペル対応記憶法

勉強の質問を受ける中で非常に苦労する人が多い科目が「英語」です。その中でも特に英単語の暗記は、初心者から上級者までどのレベルになっても覚えなくてはならないので、逃れることはできません。

また英単語力が低いと、推測で英文を読むしかなく正しく文章を理解できなかったり、読む速度が落ちたりします。できる限り多く覚えておくほうがよいでしょう。

英単語を覚えるには、前提として正しく読めるようになる必要があるため、今回はその前提である英単語の読みの覚え方を解説します。

まず、基本的に**英単語をたくさん知っていれば知っているほど、意味はわからなくても英単語自体は読めるようになります。**それは英単語には文頭や文末に共通のものが使われていたり、類義語があったりするためです。**知らない英単語が出てきても焦らず、自分の知っている英単語にどこか似ていないかを分析してみましょう。**

例えば「entitle」という単語は、英検2~準1級レベルの難易度の高い英単語です。この単語をよく見てみると、「en」と「title」という2つに分けることができます。

エン	タイトル
en	title

「en」は「enter」や「encourage」などでエンと読みます。「title」はタイトルと日常生活の中でも当たり前に使われている単語です。このように分割すれば読むことができます。どこの音にどのスペルが対応しているか意識しながら声に何度も出してみましょう。もし発音しづらい場合は、英単語の分割を丸で囲ったり、フリガナを振ったりしても構いません。何度かスペルを意識しながら発音をして覚えたら、何も見ずに発音しながら実際にスペルを書いてみるとよいでしょう。

POINT

発音を知っているスペルが含まれていたら、分割すると読めるようになる

Tips 83

英単語の「読み」の覚え方② チャンク化

英単語の中には非常に長いものも存在します。

例えば、大学受験やＴＯＥＩＣなどでは頻出の「disappointment」（失望）という単語があります。14文字もある非常に長い英単語に見えますが、分割してみると、

否定	任命する	名詞形を表す
＝	＝	＝
「dis」	「appoint」	「ment」

に分けることができます。このように分けると、単語全体では見えにくかった単語を構成する要素とそれぞれの意味が見えてきます。

人間は一般的に7文字程度しか塊で記憶することができません。**長い単語は2、3個の**

塊に分割してあげると認知しやすくなり、一気に覚えやすくなります。これをチャンク化と言います（英単語以外の暗記に活用する方法は、Tips 44を参照してください）。

このようにチャンク化することができたら、前のTipsの発音スペル対応記憶法を用いるとよいでしょう。

またこのチャンク化は英単語だけでなく、英熟語の記憶にも効果的です。

売り切れを意味する「out of order」という英熟語を、多くの人は音や熟語全体で覚えようとしますが、「out」と「of」と「order」だと意識することで、「外」・「の」・「オーダー（注文）」で「注文外」＝「売り切れだ」と認識できるので覚えやすくなります。

チャンク化をうまく使って記憶するようにしましょう。

POINT

チャンク化をうまく使うと、長い単語も覚えやすくなる

Tips 84

英単語の意味の覚え方

多くの人が英単語を覚えることが非常に難しいと感じていると思います。英単語をなかなか覚えられない主な理由は、次のようなものが挙げられます。

- 英単語とその日本語訳に関連性がないから
  ↓「りんごがなぜ英語でappleなんだ!?」と考えても意味がない
- 数が膨大だから
  ↓英検3級で約2000語、英検1級にもなると1万5000語ほど暗記が必要
- 復習効率が悪いから
  ↓数が多いから一度覚えたものでも、しばらくするとすっかり忘れている

英単語を覚えるときに最も効果的な方法は、「優先順位」で覚えることです。

①いきなり覚えず自分の覚える必要のある「数」を把握する

まずは、自分が覚えなくてはいけない全体量を把握し、その中で知らない英単語がいくつあるか確認をしましょう。

1週間後までに100個の英単語を覚える宿題が出ているとします。100個のうち、英単語を読んでいくつパッと日本語の意味が言えるかを確認します。もし30個知っていたら、覚えるものが一気に70個に減ることになります。

1日にいくつ覚えるか、どの日に集中的に覚えるのかなどの、覚える個数に応じた計画を立てましょう。

このプロセスがないと、ゴールが見えないトンネルの中を通る感覚になります。自分を冷静に、俯瞰的に認知してあげることが重要です。

②場面で記憶する

英単語を覚えるときに最も簡単に覚えられる方法が「場面で記憶する」です。
例えば「device（装置）」という英単語。私たちの生活の中でパソコンやタブレットなどを「デバイス」ということがあります。私たちの生活の中に定着している英単語は非常に多く存在しているので、気がつくことができればイメージしやすく簡単に覚えることができます。

英単語を記憶するときに、その単語が身近で使われていないかどうか考えたり、調べたりするとよいでしょう。

③語源で記憶する

これはTips 83のチャンク化の応用です。
英単語を文法的な言葉で表現すると「接頭語」「語根」「接尾語」という3つの要素で構成されているものが多く、それらを総称して「語源」と呼びます。語源を意識して覚えると、他の関連する英単語などもまとめて記憶することができるので、何倍も効率が良いです。

例えば人口減少を意味する「depopulation」という英単語は次のように分けられ、それぞれの語源に意味があります。

接頭語＋語根＋接尾語
「de」「popula」「tion」
＝＝＝
下に　居住させる　名詞形

一度「de」は下にということがわかれば、「decrease（減少させる）」「depress（落ち込む）」なども覚えることが非常に簡単になります。「popular（人気のある）」に「大衆」という意味があったり、「nation（国）」「caution（注意）」などの「tion」がつく単語は基本的に名詞形であったりするということもわかります。

④英単語＆日本語訳の語呂で記憶する

場面や語源での記憶が難しい場合は、最終手段として英単語＆日本語訳の語呂合わせで記憶しましょう。印象に残る語呂（＝1回あたりの記憶の質が高い語呂）で覚えると、復習回数も少なくなり効果的です。

「patent」は「特許」という意味の英単語です。このときに「パテでテントを作り特許を取る」と語呂を作るとします。ただ繰り返して覚えるよりも「パテでテントを作る人はいないから特許を取れたんだ」というふざけた語呂と、クスッと笑えるようなギャグのようなイメージによって記憶に残りやすくなるのです。

英単語は覚える量が膨大なので、すべての英単語に対して語呂を作るのは非常に大変です。だからどうしても覚えられなかったり、場面や語源で覚えられなかったりするときの必殺技として使うとよいでしょう。

POINT

英単語を覚える際は、場面・語源・語呂合わせを工夫して使う

Tips
85
英単語を文で覚える

英単語を見て意味がわかることは非常に重要です。ただし、英単語は英文の中でわかって初めて生きるもの。長文や会話の中でどのように使用されるか理解することが大切です。英単語をある程度覚えたら、「例文」を音読しましょう。**特に苦手なものや難易度の高い英単語は例文も覚えることが重要**です。例文を覚えることで英単語をインプットすることになり、記憶が強化されます。

基本的に英単語帳に掲載されている例文は無駄のない良質なものが多く、英語の基礎となる型を身につける上でも大変効果的なので、必ず音読するようにしましょう。

POINT

苦手な英単語は例文も一緒に覚える

Tips 86

英作文で英単語を強化する

英語力が最も必要とされるのは「英作文」と言っても過言ではないでしょう。

英語の文章読解やリスニングは、基本的に外部から情報をインプットし、それに対して解答を作るというものです。ポイントを押さえていれば、100%理解できていなくても解けてしまいます。

またスピーキングは文法や発音、単語を多少間違えても、話の流れやニュアンスで相手に理解してもらえたり、細かいミスは許容されることが多いです。

しかし英作文は、前置詞や助詞などの〝抜け〟があると意味が変わってしまいます。名詞のスペリングミスなども、誤魔化しがききません。完璧に近い英語力が求められます。また「話し言葉」と「書き言葉」は日本語と同様、英語でも異なるのも、英作文が難しいポイントです。

英語で日記をつけて英語ができる人や学校・塾の先生などにチェックしてもらうのもよいですが、**手軽に実践しやすいのはX（旧Twitter）などのSNSに投稿する方法です。**

AIが自動で間違っている部分を判断してくれたり採点してくれたりもするので、誰かに添削してもらわなくても、かなり精度が高く正しい英語が書けるようになります。

SNSは一般に公開されているものなので書く内容には注意をしつつ、便利なものはうまく活用してアウトプットすることで英単語力を高めるようにしましょう。

POINT

英作文の練習にSNSを活用すると、英単語力が鍛えられる

Tips 87

同時通訳法で英単語を覚える

英語を勉強しようとすると気分が乗らない……。環境面で心理的なハードルがあるときは誰にでもあります。

そんなときにおすすめなのが、「同時通訳法」で英単語を覚えるという方法です。この方法は私がオーストラリア留学中に思いつきました。

ブリスベンという街で夕方5時くらいにバスに乗っていたときのことです。近くに座っていた親子が夕飯の話をしているのを聞いていて、「日本での会話もオーストラリアの会話も全く同じだな。この会話を聞くことも話すことも書くことも読むこともできたら、日常生活で困らないのでは？」と思ったのです。

このことに気づいてから、帰国後も**電車やバス、カフェなどで聞こえる日本語の会話を脳内で英語に同時通訳する**ようになりました。

男の子：「お母さん、今日の夕飯は何？」
↓自分：Mum, what's for dinner?
母：「今晩は餃子とチャーハンよ」
↓自分：チャーハンは fried rice だけど、餃子は英語でなんと言うんだっけ？

同時通訳すると、英語ではわからない単語や表現方法が登場することが頻繁にあります。そのときは一度、同時通訳を中断していいので、その場で英単語を調べて覚えたり、その表現方法を考えたりします。重要だと思ったものはスマホのメモに残しておいてもよいでしょう。ちなみに先ほどの会話で出てきた「餃子」は英語で dumpling や potsticker ですが、最近は海外でも「gyoza」で通じるようです。

私はこの方法を電車に乗るたびに行い、かなり英語力が上がりました。特に日常生活で使用する英語は基本的に多くの人が理解できる単語や言い回しを使うことが多いので、英単語力だけでなく、英会話力を鍛える上でも非常に良いトレーニングになります。

POINT

日本語の会話を同時に英語で通訳すると、基礎的な英語力が上がる

Tips 88

複数の言語を使って英単語を覚える

日本語と英語というように2言語を話せる人をバイリンガルと言います。3言語を話せる人をトライリンガル（トリリンガル）、多数の言語を話せる人をマルチリンガルと呼びます。

多くの日本人が日本語のみを使い生活をしているので、特に英会話が苦手だったり、英語学習に苦労していたりするという人も多いと思います。

実は私は日本語と英語、そして韓国語も話すことができ、仕事に生かしています。幼少期に海外に住んでいたというわけではなく、英語は小学5年生から、韓国語は20歳を過ぎてから学び始めて身につけました。後天的にそれなりに苦労し、努力によって習得したものです。

勉強して、ある程度どの言語もできるようになった段階で強く感じたのは、**外国語を一つマスターすると、その次の言語を身につけるのが比較的楽になる**ということです。

単語の暗記に関していうと英語のみで勉強をするよりも他の言語も合わせて勉強したほうが、効率が良いことが多いです。

例えば、「高速道路」は英語で「highway（ハイウェイ）」ですが、韓国語では「고속도로（コソクドロ）」と言います。日本語の高速道路と発音はほとんど同じです。

韓国語は今やハングルがメインですが、もともとは漢字をたくさん使っていたため、日本語と共通する言葉が多いのです。家族は「가족（カジョク）」、約束は「약속（ヤクソク）」など、例を挙げるとキリがありません。

また「車椅子」は英語で「wheelchair（ホイルチェアー）」、韓国語で「휠체어（フィルチェオ）」です。発音がかなり近いですよね。韓国も英語圏からの外来語が多く入っており、韓国語としてそのまま使われているものが多くあります。

今回は韓国語と英語を例に挙げましたが、中国語を勉強する場合は「漢字」を使用するので、日本人にとっては韓国語より身近に感じられるでしょう。ベトナム語は中国語由来の言葉が多いので、中国語ができると比較的ハードルが低いと聞いたことがあります。

同様にポルトガル語とスペイン語、英語とドイツ語など、ヨーロッパ圏も単語や発音などが似ている言語が多いようなので、まとめて記憶してもよいでしょう。

POINT

別の言語も共通点に気づくとマスターしやすい。同時に勉強すると効率が良い

日本人は義務教育で（中学卒業までに）6年以上、高校、大学、大学院まで進学する人はさらに長い期間、英語を勉強します。それだけ勉強しているので、流暢《りゅうちょう》に話せるかどうかは別としてかなり英語力や学習能力は高いはずです。

中学・高校英語レベルまで学習をしたら、初歩レベルでよいので他の言語の学習に挑戦してみると新たな言語取得になるだけでなく、今まで学んだ英語もさらに強化されることになるのでおすすめです。

Tips

89

漢字の「読み」の覚え方

多くの小中学生から「漢字がなかなか覚えられなくて困っている」という声を聞きます。小学1年生なのか中学3年生なのかによって学ぶ内容は大きく異なるのですが、漢字を効率良く覚えるために次の手順を確認してみましょう。

本Tipsでは「読み」について解説をします。

①基礎はできているか？を確認する

あなたが小学4年生なら、まずは小学1～3年生の内容がしっかり頭に入っているかどうかを確認しましょう。漢字検定の問題は基本的に学年と対応しているので、漢検を受けたり、過去問を解いてみたりしてもよいかもしれません。

漢字に限った話ではありませんが、**勉強は「基礎」ができていないと、その上に新しい知識を積み上げてもなかなか伸びないという状態になってしまいます。**特に小学校や中学

校の範囲で覚える漢字は勉強をする上での基礎です。小・中学校の範囲は「読み」だけでなく「書き」も必須なので、書けるようにして基礎を徹底しましょう。

②文字の一部に知っている漢字が含まれていたり共通していたりしないかを確認をする

「保持《ほじ》」の「持」という文字は右側（つくり）に「寺《てら》」を含みます。「寺院《じいん》」と読むように、寺の音読みは〝じ〟です。また左側（へん）が「日」だと「時」となり、これも〝じ〟と読みます。「寺」が含まれる漢字は〝じ〟と読むことが多いと気づけます。**他の漢字と共通している部分や、文字に含まれている漢字が読めると、読めない漢字でも読める**ことがあります。

部首ごとの特徴を知っておくと便利です。人の手の動作と結びつくものは「てへん（扌）」だったり、水に関するものは「さんずい（氵）」がつくなどの共通点があります。

③漢字単体で覚えるのではなく語句と合わせて覚える

漢字はその漢字単体で使うこともありますが、何かの言葉と合わせて使用することが多いです。

例えば、「禍」は「コロナ禍《か》」「禍根《かこん》」のように使用します。コロナ禍は多くの方がご存じの通り「コロナウイルスによって引き起こされた災難」を意味します。禍根は「災いが起こる原因となるもの」という意味です。**単なる読み方だけで覚えるのではなく、日常生活や学習のどこで使用されているのか、その使われる単語の意味なども一緒に押さえておくと比較的楽に記憶できます。**特にこの方法は、難しい漢字や抽象的な言葉ほど効果は絶大です。

また「禍」の訓読みは「禍々《まがまが》しい」です。禍々しいとは「悪いことや不吉なことが起こりそうな雰囲気」という意味。呪われているようなマイナスなイメージを持つことができます。**音読みよりも訓読みのほうがその漢字単体で使用され、その漢字がイメージしやすいので、**そのイメージを押さえておくとよいでしょう。

①〜③の方法はすべての漢字を覚える際に使用できるわけではありませんが、その漢字に応じて使い分けて覚えるようにしましょう。

POINT

漢字の読みは他の漢字との共通点や、覚えたい漢字を使った語句の意味から覚える

Tips 90

漢字の「書き」の覚え方

漢字の読みと比べて、「書き」のほうが難易度は高いです。「漢字は書けるけれど、読めない」という経験は、ほとんどないのではないでしょうか？　実際に漢検でも、読みのほうが書きよりも難易度の高い漢字が出題されます。

①書く前に読めるかどうかを確認する

読めないものは当然ですが、書くことができません。まずは書きで出題された問題をしっかりと読むことができるかどうかを確認してみましょう。問題が音読みで出題されている場合は訓読みやその他の読み方も押さえておくとよいでしょう。

②部首や漢字の特徴がある場合は分けて認識する

漢字は難易度が上がれば上がるほど、既出の漢字を組み合わせたものが多くなります。

漢字を構成する「各パーツ」を意識しましょう。

最高難易度である漢検1級レベルの「瞑《めい》想《そう》」の「瞑」を覚えるとします。「瞑」という字は、「目」「わかんむり」「日」「六」で構成されています。瞑想は目をつぶって行うものなので、目が部首となりへんに位置します。わかんむりは上につくことが多く、日と六を組み合わせる、と分解すると比較的簡単に記憶できます。もし「冥土」の「冥」という字を知っていれば、「冥土」に目が部首としてつくだけ、というように簡単に記憶することが可能です。

③最後は何度も意識して書く

書きの問題なので当然ですが、試験では

実際に「書く」ことが求められます。そのため、何度も書く練習は非常に重要です。ただがむしゃらに書いたり、作業のようにダラダラと書くのではなく、**①で確認をした音読みや訓読みを含めて他の読み方などを考えながら書いたり、②で意識したように各パーツを意識しながら何度も書く**とよいでしょう。

漢字は「組み合わせ」です。そのため書ける漢字が増えると、前に覚えた漢字を活用して新しい漢字を覚えられるようになり、書くことが楽になります。

また漢字の読み書きを習得すると同時に、その言葉の意味やさまざまな語彙を覚えることができます。すると語彙力が上がり、読書の速度が上がり、読解力まで上がるのです。語彙の引き出しが増えると、深い思考ができるようになったり、自分の思いをいろいろな言葉を自由自在に使って正確に伝えられるようになったりします。

「漢字力」が上がると他の力まで相乗的に向上するので、漢字学習は大人になっても行うことをおすすめします。

POINT

漢字の読み方や漢字を構成する要素を意識しながら書くと身につく

Tips
91
インド式計算を覚える

2023年に一番売れた本は『小学生がたった1日で19×19までかんぺきに暗算できる本』（ダイヤモンド社）だったそうです。19×19まで暗算できると学生はもちろん、日常のちょっとした計算でも役立つことが多いですし、脳トレにも良いでしょう。

実は19×19までの暗算は非常に簡単です。**九九ができれば、誰でも少し練習するだけで瞬間的に頭の中で計算できるようになります。**「インド式計算」といわれるこの方法は、たったの2ステップで計算が終わります（左ページ参照）。

11×18などは繰り上がりがないので、さらに楽に計算をすることができます。

この方法を私のスクールで教えたところ、筆算をする必要がなくなり、計算ミスが減っただけでなく、計算速度も上がったことで数学の成績が大きく向上した生徒もいました。

左ページに練習問題を用意しました。1問あたり2、3秒でできるようになるまで繰り返し挑戦してみましょう。

POINT

インド式計算ができると、瞬間的に計算することができる

【11〜19の段の掛け算】

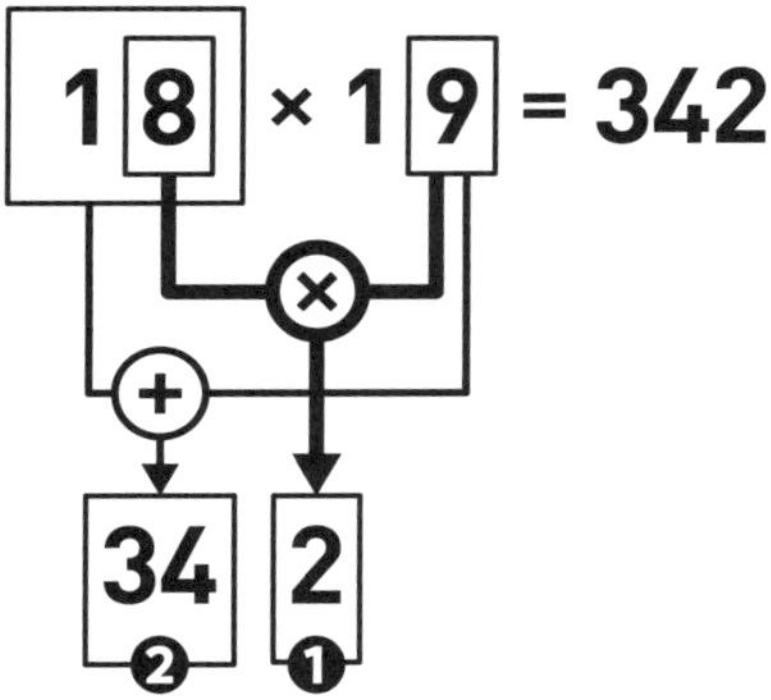

❶ 一の位どうしを掛ける。
8×9＝72となるので、一の位に「２」を書く

❷ 2桁の数字と一の位の数字、❶の十の位の数字を足す。
18＋9＋7＝34となるので、百の位に「３」、十の位に「４」を書く

[練習問題]

（１） 11×12
（２） 12×14
（３） 13×12
（４） 14×15
（５） 15×16
（６） 16×13
（７） 17×12
（８） 18×16
（９） 19×15
（10） 19×18

Tips
92
数字の暗記に強くなる方法①
1桁1イメージ法

数学が苦手、売り上げの数字を覚えられないなど、「数字に対して苦手意識を持っている」という声をたくさん聞きます。その理由の一つが、数字は「無機質」だからです。数字自体に意味がないため、とっつきにくく記憶に残りづらいのだと考えられます。

一方メモリーアスリートは、数字に強いです。1分間で100桁の数字を記憶できる人もいます。彼らは**数字2桁に対してイメージを持っており、数字を「有機的なもの」として捉えることができます**。0は「冷蔵庫」、8は「蜂」のように、数字を見た瞬間に何かのイメージが湧くように訓練しているのです。

本書の読者のみなさんには、効果は限定的ですが比較的すぐに数字を覚えることができるようになる1桁1イメージ法と、身につけるのは大変ですがとても効果の大きい2桁1イメージ法（Tips 93）を伝授します。練習をして数字に強くなりましょう！

「**1桁1イメージ法**」という名前を聞くと難しく感じるかもしれませんが、非常にシンプ

ルな方法です。数字すべてを身近なもののイメージにすることは難しいので、**私たちが日常生活で使用している0〜9の数字を具体的な物に置き換えて記憶します。**

0〜9の音から連想した次のイメージに変換します。

0	1	2	3	4
冷蔵庫	いちご	にんじん	サンダル	ヨット
5	6	7	8	9
ゴリラ	ロッカー	七面鳥	蜂	きゅうり

このイメージを使って、数字を覚える手順をお伝えします。

例えば、「85391」という数字を記憶する場合、先の表の単語に置き換えると、

8→蜂　5→ゴリラ　3→サンダル　9→きゅうり　1→いちご

となります。「**蜂**を**ゴリラ**が**サンダル**で叩き潰した。腹が減ったので、**きゅうり**を食べた後、デザートに**いちご**を食べた」というように、ストーリーを作って覚えると良いでしょう。

POINT

数字を有機的なイメージとして捉えることで覚えやすくなる

Tips
93
数字の暗記に強くなる方法②
2桁1イメージ法

1桁1イメージ法よりも「2桁1イメージ法」のほうが、一度に2桁記憶できるので効率が良いです。00〜99までの100通りのイメージを覚える必要がありますが、身につけられたら、覚える効率は1桁1イメージ法の「2倍」になります。これはメモリーアスリートとして大会でも十分戦えるレベルです。

2桁1イメージ法を身につけたい方のためにイメージ表を載せておきます。余裕のある方は挑戦してみてください。

00〜99のイメージの作り方は、0〜9を五十音（あかさたな……）に当てて覚えます。

1桁1イメージ法でも2桁1イメージ法でもどちらでも構いませんが、頭の中で数字を辿って数字からイメージが出てくるかどうか復習をして身につけるようにしましょう。

1：あ行	2：か行	3：さ行	4：た行	5：な行
6：は行	7：ま行	8：や行	9：ら行	0：わ行

00 おわん	01 ワイン	02 わかめ	03 お酢
04 わた	05 鬼	06 おひたし	07 おみくじ
08 お湯	09 おくら	10 あわ	11 アイロン
12 イカ	13 石	14 板	15 穴
16 アヒル	17 網(あみ)	18 鮎(あゆ)	19 アリ
20 川	21 貝	22 柿	23 傘
24 カタツムリ	25 蟹(かに)	26 かばん	27 亀
28 蚊帳(かや)	29 カラス	30 竿(さお)	31 サイコロ
32 桜	33 笹	34 砂糖	35 砂時計
36 サバ缶	37 サメ	38 サヤエンドウ	39 皿
40 たわし	41 鯛焼き	42 タコ	43 たすき
44 畳(たたみ)	45 棚	46 足袋(たび)	47 玉
48 茶碗	49 ダリア	50 縄(なわ)	51 ノアの方舟
52 猫	53 ナス	54 納豆	55 布
56 ナビ	57 生ビール	58 納屋(なや)	59 にら
60 びわ	61 灰皿	62 墓	63 はさみ
64 旗	65 花火	66 葉っぱ	67 ハム
68 冷し中華	69 針	70 まわし	71 麻婆豆腐
72 薪(まき)	73 みそ	74 ムチ	75 ミニトマト
76 目光	77 耳	78 眉毛	79 マーライオン
80 八百屋	81 刃(やいば)	82 やかん	83 ヤシの木
84 屋台	85 ユニフォーム	86 湯葉	87 山
88 ヨーヨー	89 よろい	90 ランドセル	91 ライオン
92 リコーダー	93 リス	94 レタス	95 リニア
96 ラッパ	97 リモコン	98 ラー油	99 レール

2桁1イメージ法の練習用に、メモアカではYouTubeで数字変換練習用の動画を公開しているので、そちらを参考に練習をしてみましょう。最初は再生速度を調整して、数字を見てイメージが出てくるかどうかを確認してみてください。

- 00～99（昇順）
  https://youtu.be/KW4LOB0DjX4?si=lsgyxkE-GUdKMrKO
- 00～99（ランダム）
  https://youtu.be/x4QMAZcdFjA?si=PS9H-51NCzsnkhTY

POINT

2桁1イメージ法をマスターすれば、メモリースポーツの大会で戦えるレベルの数字の強さが手に入る

Tips 94 歴史の覚え方① 年号

前のTipsで数字の変換を身につけられた人は、数字に関連するものがかなり覚えやすくなっています。

数字の変換をマスターして、最もその効果を発揮できるのが「歴史の年号」の記憶です。学生で今まさに覚えなくてはいけない人もいるでしょうし、社会人の方も多かれ少なかれ苦労しながら覚えた記憶がある人もいるのではないでしょうか？

本Tipsでは、歴史の年号の記憶法を紹介します。

①全体を把握し、時代ごとに分割をする

歴史の年号を覚えるとき、いきなり覚えようとしてはいけません。まず、全体で何個記憶する必要があるのかを把握します。

覚える数は、テストや受験校の難易度、要求される知識量によって大きく変わります。

中学受験で覚える基本的な年号は100個程度。より高得点を狙う場合は、200個ほど覚える必要があるようです。

また時代によっても覚える個数は大きく異なり、近代（江戸時代あたり）以降は、細かい年号や日付まで覚える必要が出てきます。

②時代ごとに千の位と百の位の年号を把握する

年号を千の位と百の位も一緒に覚えようとして非常に苦しんでいる人がいますが、あまり賢い方法とはいえません。

今が2024年なので、歴史で覚える年号の千の位は基本的に「0」か「1」しかあり得ません。

また、百の位も時代を聞けばだいたいどのくらいの数字になるのか、イメージがつくでしょう。覚えることの多い「江戸時代」さえ約300年（1603年から1800年代後半まで）です。続く「明治」は1900年代前半まで、「大正」はその後十数年、その後は昭和、平成です。左の表を参考に**時代ごとのおおよその年代を覚え、判断できるようになると、覚える量をグッと減らすことができる**わけです。

時代	おおよその年号
飛鳥時代	500〜600年
奈良時代	700年
平安時代	約800〜1200年
鎌倉時代	約1200〜1330年
南北朝時代・室町時代	1330〜1450年
戦国時代・安土桃山時代	1450〜1600年
江戸時代	1600〜1800年代後半
明治時代	1800年代後半〜1900年前半
大正時代	1900年前半
昭和時代	1900年前半〜1900年代後半
平成時代	1900年代後半〜2000年代

このように頭に入れておくと「1871年　廃藩置県」を覚えるときも、廃藩置県が明治維新によって変わった制度ということがわかれば1800年代であることが簡単に判断でき、「71」のみ記憶すればいいことになります。Tips93で「2桁1イメージ法」を身につけていれば、廃藩置県と麻婆豆腐のイメージを連結させて、「各県で麻婆豆腐を配って歩いた」という奇想天外なイメージのインパクトによって頭に残り、思い出しやすくなります。

もし江戸時代のように百の位が3つ以上になる時代は、1687年か1787年かわからなくなってしまう場合もあるでしょう。そのときは、百の位も覚えるために

「1桁1イメージ法」で1桁イメージを追加してもよいでしょう。

例えば、「1787年 寛政の改革」は飢えを防ぐために米を蓄えるように指示したことが有名なので、787を「7」と「87」に分割し、「七面鳥（7）が山（87）に米を蓄えている」とイメージするとよいでしょう。

このように、**暗記は「工夫」することで覚える量を減らせるので、闇雲に暗記するのではなく戦略的に覚えましょう。**

歴史は「年号」だけを覚えるのではなく、教科書を読んで流れを理解することで出来事やそれぞれの事件の前後関係、関連性を把握できるようになるものです。教科書を理解することを忘れないようにしましょう。

POINT

おおよその年代がわかれば、歴史年号は下2桁を覚えるだけで済む

Tips 95 歴史の覚え方② 歴史人物

歴史の教科書を読んでいるだけでは、「歴史人物」の顔を体系立てて覚えることはありません。文章中に名前が出てきて、教科書の上部に顔が少し掲載されている程度ですよね。**歴史人物を覚える際は、歴史人物の「顔」と「名前」だけを一気に記憶する**のがおすすめです。歴史人物の顔と、その人が過去にやった功績や発明したものなどが列挙されている書籍などもたくさん売られているので、そういった本で覚えてみてもよいでしょう。

なぜ顔と名前を一気に大量に覚えるのか。それは歴史人物の「名前」だけを見ていても、知らない人の名前なので全く実感が湧かないからです。これは、友人に、その友人の所属する学校や会社の人間関係や出来事を聞かされるようなもの。会ったことがないどころか、顔も知らない人の話を聞かされたけど、全然頭に入ってこなかった、という経験はありませんか？

これが歴史の出来事や流れ、人間関係、誰と誰が戦ったなどが頭に入らない一因だと考えられます。

歴史人物の顔と名前を覚えるときのポイントは、「どんな格好をしているのか」によって、その人の役職などの人物像を想像することです。顔つきや過去にやったことを見て「この人性格悪そうだな！」などと勝手に人物像をイメージしながら記憶してもよいでしょう。

4人の歴史人物の顔写真を用意したので、練習で顔と名前を覚えてみましょう。

問題　次の歴史人物の顔と名前を覚えてください。

樋口一葉

渋沢栄一

津田梅子

北里柴三郎

POINT

人物像を勝手に想像すると記憶に残りやすくなる

Tips

96

歴史の覚え方③ 教科書をしっかりと読み込む

歴史が全然覚えられないという人の多くは、重要な用語だけを記憶しようとしています。歴史には流れがあり、そこには人と人の関わりが必ずあります。その内容がわかりやすくコンパクトにまとめられているのが「**教科書**」です。まずは教科書を何度も読み込んで理解するようにしましょう。**最低でも5回は読み込む**ことをおすすめします。

1回目

1回目は、よくわからないところがあってもとにかく「キリの良いところ」まで、できれば時間を空けずに一気に読み進めます。全体の大枠を掴むことが目的ですから、理解度は50％程度でも構いません。

2回目

2回目は、1回目よりも丁寧に読みます。70%程度理解できればよいでしょう。

1回目に読んだ内容の復習になるので、「そういえばそういう流れだった」と確認をするようにサクッと読みましょう。自分がしっかり理解できているところと、いまいち理解できていないところがはっきりとしてきます。

3回目

3回目は、理解できているところは復習感覚でサラッと読み、2回読んでもよくわからなかったところは時間をかけて精読していきます。

資料集やインターネットなどを使って、教科書にはない詳細や他の事柄との相関性などを調べても構いません。わからないところを「しっかり理解した」と納得できるまで、時間をかけて読みましょう。

4回目

4回目は、既知の部分はサラッと読みます。ただ、3回目でもわからなかったことを理解できたことで「新たな発見」をする場合があるので、そのあたりを意識して納得しながら読み進めます。3回目でわかったところも、ちゃんと理解できているかを確認しましょう。4回目の段階では**理解できたところは納得しながら、疑問に思う箇所は再度調べて理解を深めて知識を増やしていきましょう。**

5回目

5回目は、**全体を通して何も調べることなく「完璧に理解できているか」を意識**できるとよいでしょう。問題なく完璧に理解できたら終了です。もし5回読んでもわからない部分があれば、再度調べたり詳しい人に質問をしたりして理解するようにしましょう。

この方法は歴史に限らず、資格取得のために読む参考書や、本の内容をしっかりと身につけたいというときにもおすすめです。1回読んだだけで理解できることはない、という前提で読むことが重要です。

POINT

教科書は5回読み込むことを徹底する

Tips 97

歴史の覚え方④ 重要な用語を記憶する

教科書を完璧に理解できたら、文中の「重要な用語」を判別できていると思います。本Tipsでは、重要な用語を覚え、アウトプットする方法をお伝えします。手順は次の通りです。

① 重要な用語をすべて抜き出し、個数を把握する
② 教科書の順番通りに覚える
③ 教科書の順番通りに思い出し、書き出す
④ 思い出せた数をカウントする
⑤ 重要な用語の説明ができるかを確認する

教科書によっては重要な用語が太字になっていたり、色が変えてあったりするものもあ

ります。その**重要な用語を全範囲から抜き出します**。

鉛筆で丸をつけても、蛍光マーカーで色をつけてもよいでしょう。全部で50個なのか１００個なのか、それ以上なのかを把握しましょう。

全部でいくつあるのか把握できたら、教科書の最初から最後のページまでの重要な用語をひたすら順番通りに暗記していきます。出題される可能性が非常に高いので、頑張って覚えましょう。イメージ化、ストーリー法や場所法、体記憶法などを使って覚えると、普通に覚えるよりも早く、漏れなく、正確に記憶できます。

一通り覚えたら、最初のページから順番に重要な用語を思い出しながら、紙に書き出していきます。前後で思い出した重要な用語をヒントに思い出しても構いません。

このときに重要なのが、**重要な用語を漢字や送り仮名も含め「一言一句間違いなく思い出すことができるか」と「順番通りに思い出せるか」**です。

重要な用語を間違えて書いてしまったら、内容はわかっていてもテストではバツと判定される可能性が高いためです。重要な用語の順番を間違えると、歴史の教科書には流れがあるので物事の出来事の前後関係を間違える確率が上がります。

すべて思い出しきったら、いくつ思い出すことができたかをカウントします。書き間違えたものや重要な用語自体を間違えたものはその場で覚え直します。思い出せなかったものは、その重要な用語の印象が薄かったり、覚えてもきちんと記憶に残っていなかったりして抜けている可能性が高いです。

そして、重要な用語について一つひとつ説明できるかどうかを確認しましょう。特に前後の重要な用語は関連しているものも多いと思うので、それらをまとめて説明しても構いません。

抜き出した重要な用語を一言一句書けるようになり、漏れなく思い出すことができ、重要な用語について説明できるようになれば、かなりの内容を押さえられているので、記憶の完成は近いと思ってよいでしょう。

POINT

教科書から抜き出した重要な用語を順番通りに思い出し、説明できるようにする

Tips 98

歴史の覚え方⑤　全体の流れを復元する

教科書の内容を完璧に理解し、重要な用語も記憶できたら教科書の内容を最初から最後まで「復元」していきます。

復元するといっても、一言一句まで復元する必要はありません。**教科書の各ページや単元の内容のダイジェスト版を自分で作ること**ができるかどうかが重要です。

復元するときには、必ず暗記した重要な用語を使用します。

重要な用語で文章の「骨組み」を作って、間の「肉」にあたる部分を理解した説明で埋めていきます。歴史には流れや事件が起こった理由があるので、しっかりと理解できていれば説明できるはずです。

骨組みである重要な用語が思い出せない場合は、Tips 97が不十分ということなので、再度重要な用語を覚えて説明できるようにしましょう。

肉となる説明部分を書いてみたら、「これってなんだっけ?」となることはよくあります。人間は理解したと錯覚し、無意識的にわかったつもりになってしまうもの。このギャップが、ちゃんと勉強したはずなのに点数が取れないという結果につながります。

全体の流れを復元していくことで、この「これってなんだっけ?」を一つずつ潰していけます。紙にすべて書き出すのは大変ですが、できる限り時間をかけて、キリの良いところまで一気にやってしまいましょう。

重要な用語に説明を加えて、教科書の復元ができたら完成です。

機会があれば、友人や家族、ぬいぐるみでもいいので誰かに説明してみてもよいでしょう。人に説明することであやふやさがなくなります。さらに、ビジネスパーソンに必要とされるプレゼン力も向上したりします。ぜひやってみましょう。

POINT

覚えた重要な用語を軸に、教科書の「流れ」をダイジェストのように説明する

Tips
99
国旗と国名の記憶法

みなさんは「国旗」を見て、国名をいくつ答えることができるでしょうか？　実は世界の国旗の数は197あります。独立国以外の「地域」を入れるともっと増えるでしょう。

全部の国旗と国名を覚える必要はないかもしれません。しかし覚えることは単なる知識にとどまらず、オリンピックなどのスポーツイベントのときや、世界情勢やその国の歴史、その国の人が信仰する宗教などを理解したりする上でも非常に重要です。

一つずつ地道に覚えていくしかありませんが、国旗と国名を覚えるためにすぐに使える技をいくつか紹介します。

①エリア別に記憶する

まず国名や国旗をランダムにがむしゃらに覚えるのではなく、**アジア、ヨーロッパ、オ**

セアニアなどエリア別に覚えることを強くおすすめします。特に日本は「アジア極東」という特殊な場所にあるので、文化などが近く、ニュースや旅行番組などでもよく耳にする「東アジア」から覚えるのがよいです。

世界地図を見ながら覚えると、位置関係も把握できます。

中国や韓国、アメリカなどは、日常生活の中でも目にする機会が多く、すでに知っているかもしれません。当然ですが**知っている国は覚える必要がないので、知らないもののみに注目し覚えていきましょう**。

ただし、名前を一度も聞いたことのない国名は、今後の生活でも関与しない可能性が高いので優先度は「低め」です。無理に覚える必要はないので、他の国を優先して覚えていきましょう。

自分の好きなエリアから覚えて問題ありませんが、もし迷う場合は、【アジア→ヨーロッパ→北米→南米→中米→アフリカ→オセアニア→カリブ海】の順で覚えるとよいでしょう。

②エリアごとに覚えるときに、国旗から国や歴史の特徴を知る

国旗はその国を意味するものであり、歴史や宗教的な意味を表現していることもあります。

例えば、韓国の国旗には、真ん中に勾玉《まがたま》を2つ組み合わせたような「太極図《たいきょくず》」が描かれています。赤は陽、青は陰を意味し、昼と夜、男と女、太陽と月などすべてのものは「陰陽」によって調和統一していることを意味しています。太極図の周りにある4つの切れ目が異なる3本線は、儒教の基本的な考えである「易《えき》学」で使われる基本図です。このような成り立ちから韓国は儒教を大切にしていることがよくわかります。

実際に韓国では年長者や目上の人を敬う考えを重視しています。社外の人に対し自分の上司の名前を言うときでも「弊社のパク部長」と敬称をつけたり、目上の人からお酒をすすめられたときは、2回断り、3回目に横を向き、口を手で隠して飲むという風習が残っていたりします。

このように**国旗の特徴を捉えることで、その国の文化や歴史を知**

ることにもつながるのです。

③国旗の特徴を捉えて、面白いポイントや推しの国旗を見つける

国旗は同じものがなく、どの国旗も特徴があります。
ただ単に特徴を見つけて覚えても面白くないので、エリアごとに「デザインが好きな国旗ランキング」などを作って遊び感覚で覚えてしまうのでもよいでしょう。

POINT

国に詳しくなると情報を意味として捉えられるので覚えやすい

Tips
100

国名と首都の記憶法

Tips 99では国名と国旗を効率良く記憶する方法を覚えました。今回は国名と首都を記憶していきます。こちらも一つずつ記憶していくことが基本になりますが、自分の知っている知識などと絡めて覚えてもよいでしょう。

①スポーツチームと絡めて記憶する

メジャーなスポーツとしてはサッカーが有名ですが、各国の強豪チームはだいたいその国の首都にあることが多いです。

サッカーにそんなに興味のない人でも、「レアル・マドリード」「バイエルン・ミュンヘン」という名前を聞いたことがある人も多いのではないでしょうか。これらは、スペイン

の首都「マドリード」と、ドイツの首都「ミュンヘン」にあります。

サッカーは世界的にメジャーなスポーツなので例に挙げましたが、サッカー以外の好きなスポーツチームなどと絡めて記憶してもよいでしょう。

②旅行と合わせて記憶する

旅行が趣味で、海外によく行くという人も多いですよね。目的地となる空港や乗り継ぎで利用する空港は、首都にあることが多いようです。乗り継ぎで立ち寄った空港のある国も含めて、過去に行ったことがある国などを思い出して、首都はどこだったか、行ったことのある首都はどのような街だったかなどを思い浮かべるといいでしょう。

③最後は語呂を作って覚える

海外は行ったこともなく、スポーツチーム名などで聞いたこともない、自分には馴染みがない首都のほうがたくさんあるでしょう。そのような場合は語呂を作って記憶するしかありません。

次のページで、アジアの国名と首都の語呂合わせをいくつか紹介します。知らない国名と首都がある場合は覚えてみましょう。

国	首都	語呂合わせ（例）
アフガニスタン	カブール	アフロのカニを頭にかぶる
イエメン	サナア	イケメンがさなぎになってアッと驚く
インド	ニューデリー	インド象を新しくデリバリーする
ジョージア	トビリシ	上司の頭の上を飛び越し、利子を払った
タジキスタン	ドゥシャンベ	タジタジしている子に「どうしたの？」としゃべりかける
中国	北京	中華そばをペキッと踏んづけた
トルコ	アンカラ	トルコアイスは案外からい
ブータン	ティンプー	豚にお茶とシャンプーを食べさせる
ベトナム	ハノイ	ベトベトな葉の井戸

POINT

首都は興味のある別の知識や旅行の道中と絡めることで覚えられる